顺着台阶往上走

——中小学生阅读书目推荐

主　编：张　曙

编写人员：张　曙　陈秀文　曹杨子

朱军妮　孙郎平　张　磊

王　理　殷白贞　卫艾罡

周丽红　何黎黎

安徽师范大学出版社

·芜湖·

图书在版编目(CIP)数据

顺着台阶往上走——中小学生阅读书目推荐/张曙主编. — 芜湖:安徽师范大学出版社,2018.5

ISBN 978-7-5676-3730-6

Ⅰ.①顺… Ⅱ.①张… Ⅲ.①阅读课 — 中小学 — 课外读物 Ⅳ.①G634.333

中国版本图书馆CIP数据核字(2018)第189127号

顺着台阶往上走——中小学生阅读书目推荐　　　　　　　　　　　　张　曙◎主编

责任编辑:潘　安

装帧设计:丁奕奕

出版发行:安徽师范大学出版社
　　　　　芜湖市九华南路189号安徽师范大学花津校区

网　　　址:http://www.ahnupress.com/

发 行 部:0553-3883578　5910327　5910310(传真)

印　　刷:虎彩印艺股份有限公司

版　　次:2018年5月第1版

印　　次:2018年5月第1次印刷

规　　格:700 mm×1000 mm　1/16

印　　张:12

字　　数:153千字

书　　号:ISBN 978-7-5676-3730-6

定　　价:39.00元

如发现印装质量问题,影响阅读,请与发行部联系调换。

序言：让中小学生多读书，读好书

图书，对于青少年教育、对于人的发展的作用，毋庸赘言。2017年，从国家层面推动中小学语文教学向"以阅读为核心"的转移，对语文教材进行了修改和统一，推动语文教学回归本源，圈子内外，一致叫好。语文教材改革负责人温儒敏教授多次纵论中小学语文"新教改"的重点，就是要孩子们"读古典、读经典、读名著"。

"纲"是有了，如何操作，如何把"让中小学生多读书，读好书"落实到每个人、每天的阅读上？这是中小学语文教育和教学研究永久的课题，也是迫切需要解决的问题。我因职业原因，从北京到上海、深圳，从浙江到宁夏、新疆，到过多少中小学、参观过多少学校图书馆和阅览室，我自己都数不清了，最深刻的印象有两点：其一，看到"书香校园"大环境下，无论发达地区还是欠发达地区，无论是城市还是乡村，学校里不缺少书，教室里、楼道里、楼梯转角上，全是图书。其二，看起来花花绿绿，仔细一瞅，这些地方都像是新华书店旧货仓库，囤积大量"充足"图书。学校说，书是新华书店统一配送来的。再询问老师和同学，这些书都在"看"，不能"读"，随便翻翻。有计划、有目标、有时间保障的阅读，微乎其微。

中国现在不缺书，不缺买书的钱，不缺获取图书的渠道，但在"阅读产业化"的大潮之下，泥沙俱下，鱼龙混杂。特别是互联网阅读企业，"利用人性的弱点"，把文字游戏化。情色、穿越、惊悚，无处不在。环境科学上把劣五类的水不叫"水"，因为没有水的应用价值。我觉得，网络消遣的图书，也不叫"书"，就是环境中高度污染的"水"。缺少判别能力的中小学生，的确需要老师来告诉他们什么才是书，应该如何去读。

张曙校长和他的同事们做中小学阅读书目研究已有时日，我受邀参加的研讨会就有好几次。他们就是要用自己的课题研究成果，把国家的顶层设计"读古典、读经典、读名著"落实到每个年级、每一周，解决全国老师共同存在的"什么是好书、如何去读"这一微观问题；目标上要中小学生和中小学的阅读教学"顺着台阶往上走"。这本集子，是他们的初步成果。不管是砖还是玉，只要能抛出来，都不容易。应该说，张曙校长和江淮学校的老师们开了个好头。笔者致力阅读推广十余年，所见非功利的青少年系统阅读深入研究者不多。张曙校长和同事们所作所为，其事可喜，其功可贺！如果能够持续完善，一定会一个一个台阶走上去，为中国千万计的中小学老师和数以亿计的中小学生，提供一个阅读指导无言的老师。

谨作序。

偶正涛
二〇一八年三月于杭州西溪山庄

（作者曾任新华社高级记者，正高级研究员，新华社数字阅读事业部主任。现任新华社数字阅读中心总编辑，浙江大学数字阅读与数字出版研究中心特聘研究员，北京、浙江、安徽多地高校兼职教授。）

由读书而写作，可以成就辉煌人生

——读朱光潜先生《给青年的十二封信》

在二十世纪二十年代，有一位二十多岁的安徽桐城青年，远赴英国，探求学问。他应国内开明书店刊物要求，连续撰写了十二封信，公开谈论青年应该如何生活，深受欢迎。到1929年，这一组十二封信结集出版，广为传播，这就是经典名作《给青年的十二封信》。作者正是我国著名美学家朱光潜先生。虽然过去了将近一百年时间，但朱先生当年写下的这十二封信，充满着真知灼见，对于当下的莘莘学子，仍然具有启迪和借鉴意义。

美好人生，始于读书。读书是学生的首要任务。忙，没有时间读书？抽出时间，挤出时间，可以聚少成多，集腋成裘。读书无味？用心挑选，触摸心灵，可以培养兴趣，养成习惯。如何读书？别人介绍，自己选择，可以快慢结合，勤于笔记。朱先生第一封信就是"谈读书"（以下引文略有删改）。

中学课程很多，你自然没有许多时间去读课外书。但是你试抚心自问：你每天真抽不出一点钟或半点钟的功夫么？如果你每天能抽出半点钟，你每天至少可以读三四页，每月可以读一百页，到了一年也就可以读四五本书了。你能否在课外读书，不是你有没有时间的问题，是你有没有决心的问题。

世间有许多人比你忙得多。许多人的学问都在忙中做成的。美国有一位文学家、科学家和革命家富兰克林，幼时在印刷局里做小工，他的书都是在做工时抽暇读的。不必远说，你应该还记得孙中山先生，难道你比那一位奔走革命席不暇暖的老人家还要忙些么？他生平无论忙到什么地步，没有一天不偷暇读几页书。你只要看他的《建国方略》和《孙文学说》，你便知道他不仅是一个政治家，而且还是一个学者。

人类学问逐天进步不止，你不努力跟着跑，便落伍退后，这固不消说。尤其要紧的是养成读书的习惯，是在学问中寻出一种兴趣。你如果没有一种正常嗜好，没有一种在闲暇时可以寄托你的心神的东西，将来离开学校去做事，说不定要被恶习惯引诱。你如果在读书中寻出一种趣味，你将来抵抗引诱的能力比别人定要大些。这种兴趣你现在不能寻出，将来永不会寻出的。凡人都越老越麻木，你现在已比不上三五岁的小孩子那样好奇、那样兴味淋漓了。你长大一岁，你感觉兴味的锐敏力便须迟钝一分。达尔文在自传里曾经说过，他幼时颇好文学和音乐，壮时因为研究生物学，把文学和音乐都丢开了，到老来他再想拿诗歌来消遣，便寻不出趣味来了。兴味要在青年时设法培养，过了正常时节，便会萎谢。比方打网球，你在中学时欢喜打，你到老都欢喜打。假如你在中学时代错过机会，后来要发愿去学，比登天要难十倍。养成读书习惯也是这样。

书是读不尽的，就读尽也是无用，许多书没有一读的价值。你多读一本没有价值的书，便丧失可读一本有价值的书的时间和精力。所以你须慎加选择。你自己自然不会选择，须去就教于批评家和专门学者。我不能告诉你必读的书，我能告诉你不必读的书。许多人曾抱定宗旨不读现代出版的新书。因为许多流行的新书只是迎合一时社会心理，实在毫无价值，经过时代淘汰而巍然独存的书才有永久性，才值得读一遍、两遍以至于无数遍。我不敢劝你完全不读新书，我却希望你特别注意这一点，因为现代青年颇有非新书不读的风气。别的事都可以学时髦，惟有读书做学问不能学时髦。我所指不必读的书，不是新书，是谈书的书，是值不得读第二遍的书。走进一个图书馆，你尽管看见千卷万卷的纸本子，其中真正能够称为"书"的恐怕难上十卷百卷。你应该读的只是这十卷百卷的书。在这些书中间，你不但可以得较真确的知识，而且可以于无形中吸收大学者治学的精神和方法。这些书才能撼动你的心灵，激动你的思考。其他像"文学大纲""科学大纲"以及杂志报章上的书评，实在都不能供你受用。你与其读千卷万卷的诗集，不如读一部《国风》或《古诗十九首》，你与其谈千卷万卷希腊哲学的书籍，不如读一部柏拉图的《理想国》。

谈到这里，我还没有答复应读何书的问题。老实说，我没有能力答复，我自己便没曾读过几本"青年必读书"，老早就读些壮年必读书。比方在中国书里，我最欢喜《国风》《庄子》《楚辞》《史记》《古诗源》《文选》中的书笺，《世说新语》《陶渊明集》《李太白集》《花间集》，张惠言《词选》，《红楼梦》，等等。在外国书里，我最欢喜济慈（Keats）、雪莱（Shelly）、柯尔律治（Coleridge）、布朗宁（Browning）诸人的诗集，索福克勒斯（Sophocles）的七悲剧、莎士比亚的《哈姆雷特》（Shakespeare: *Hamlet*）、《李尔王》（*KingLear*）和《奥瑟罗》（*Gthello*），歌德的《浮士德》（Goethe: *Fasut*），易卜生（Ibsen）的戏剧集，屠格涅夫（Turgenef）的《处女地》（*Virgin Soil*）和《父与子》（*Fathers and Children*），陀思妥也夫斯基的《罪与罚》（Dostoyevsky: *Crime and Punishment*），福楼拜的《包法利夫人》（Flaubert: *Madame Bovary*），莫泊桑（Maupassant）的小说集，小泉八云（Lafcadio Hearn）

关于日本的著作，等等。别人只能介绍，抉择还要靠你自己。

关于读书方法，我不能多说，只有两点须在此约略提起。第一，凡值得读的书至少须读两遍。第一遍须快读，着眼在醒豁全篇大旨与特色。第二遍须慢读，须以批评态度衡量书的内容。第二，读过一本书，须笔记纲要和精彩的地方和你自己的意见。记笔记不特可以帮助你记忆，而且可以逼得你仔细，刺激你思考。记着这两点，其他琐细方法便用不着说。各人天资习惯不同，你用那种方法收效较大，我用那种方法收效较大，不是一概论的。你自己终究会找出你自己的方法，别人决不能给你一个方单，使你可以"依法炮制"。

接下来，朱先生"谈动"，"谈静"，涉及个人性格的动与静；"谈中学生与社会运动"，"谈十字街头"，"谈多元宇宙"，涉及校外多彩的生活；"谈升学与选课"，涉及学生学习的发展。中国教育历来重视作文，一方面，"读书破万卷，下笔如有神"，作文能够反映一个人学识水平高的优劣；另一方面，"作文如做人"，作文能够反映一个人道德情操的高低。因此，朱先生在第八封信中特别"谈作文"：作文也是一技之长，作文也要勤加练习，写实与阅读是作文入门的两条大道。

我们对于许多事，自己愈不会做，愈望朋友做得好。我生平最大憾事就是对于美术和运动都一无所长。幼时薄视艺事为小技，此时亦偶发宏愿去学习，终苦于心劳力拙，怏怏然废去。所以每遇年幼好友，就劝他趁早学一种音乐，学一项运动。

其次，我极羡慕他人做得好文章。每读到一种好作品，看见自己所久想说出而说不出的话，被他人轻轻易易地说出来了，一方面固然以作者"先获我心"为快，而另一方面也不免心怀惭作，惟其惭作，所以每遇年幼好友，也苦口劝他练习作文，虽然明明知道人家会奚落我说："你这样起劲谈作文，你自己的文章就做得'蹩脚'！"

文章是可以练习的么？迷信天才的人自然嗤着鼻子这样问。但是在一切艺术里，天资和人力都不可偏废。古今许多第一流作者大半都经过刻苦的推敲揣摩的训练。法国福楼拜尝费三个月的功夫做成一句文章；莫泊桑尝登门请教，福楼拜叫他把十年辛苦成就的稿本付之一炬，从新起首学描实境。我们读莫泊桑那样的极自然极轻巧极流利的小说，谁想到他的文字也是费功夫作出来的呢？我近来看见两段文章，觉得是青年作者应该悬为座右铭的，写在下面给你看看：

一段是从托尔斯泰的儿子所做的《回想录》（*Reminiscences*）里面译出来的，这段记载托尔斯泰著《安娜·卡列尼娜》（*Anna Kare-nina*）修稿时的情形。他说："《安娜·卡列尼娜》初登俄报 *Vyetnik* 时，底页都须寄吾父亲自己校对。他起初在纸边加印刷符号如删削句读等。继而改字，继而改句，继而又大加增删，到最后，那张底页便成百孔千疮，糊涂得不可辨识。幸吾母尚能认清他的习用符号以及更改增删。她尝终夜不眠替吾父誊清改过底页。次晨，她便把他很整洁的清稿摆在桌上，预备他下来拿去付邮。吾父把这清稿又拿到书房里去看'最后一遍'，到晚间这清稿又重新涂改过，比原来那张底页要更加糊涂，吾母只得再抄一遍。他很不安地向吾母道歉：'松雅吾爱，真对不起你，我又把你誊的稿子弄糟了。我再不改了。明天一定发出去。'但是明天之后又有明天。有时甚至于延迟几礼拜或几月。他总是说，'还有一处要再看一下'，于是把稿子再拿去改过。再誊清一遍。有时稿子已发出了，吾父忽然想到还要改几个字，便打电报去吩咐报馆替他改。"

你看托尔斯泰对文字多么谨慎，多么不惮烦！此外小泉八云给张伯伦教授的信也有一段很好的自白，他说："……题目择定，我先不去运思，因为恐怕易生厌倦。我作文只是整理笔记。我不管层次，把最得意的一部分先急忙地信笔写下。写好了，便把稿子丢开，去做其他工作。到第二天，我再把昨天所写的稿子读一遍，仔细改过，再从头至尾誊清一遍，在誊清中，新的意思自然源源而来，错误也呈现了，改正了。于是我又把他搁起，再过一天，我又修改第三遍。这一次是最重要的，结果总比原稿大有进步，可是还不能说完善。我再拿一片干净纸作最后的誊清，有时须誊两遍。经过这四五次修改以后，全篇的意思自然各归其所，而风格也就改定妥帖了。"

文章像其他艺术一样，"神而明之，存乎其人"，精微奥妙都不可言传，所可言传的全是糟粕。不过初学作文也应该认清路径，而这种路径是不难指点的。学文如学画，学画可临帖，又可写生。在这两条路中间，写生自然较为重要。可是临帖也不可一笔勾销，笔法和意境在初学时总须从临帖中领会。从前中国文人学文大半全用临帖法。每人总须读过几百篇或几千篇名著，揣摩呻吟，至能背诵，然后执笔为文，手腕自然纯熟。

欧洲文人虽亦重读书，而近代第一流作者大半由写生入手。莫泊桑初请教于福楼拜，福楼拜叫他描写一百个不同的面孔，因为要描写吉卜赛野人生活，便自己去和他们同住，可是这并非说他们完全不临帖。许多第一流作者起初都经过模仿的阶段。莎士比亚起初模仿英国旧戏剧作者。布朗宁起初模仿雪莱。陀思妥也夫斯基和许多俄国小说家都模仿雨果。我以为向一般人说法，临帖和写生都不可偏废。所谓临帖在多读书。中国现当新旧交替时代，一般青年颇苦无书可读。新作品寥寥有数，而旧书又受复古反动影响，为新文学家所不乐道。其实东烘学究之厌恶新小说和白话诗，和新文学运动者之攻击读经和念古诗文，都是偏见。文学上只有好坏的分别，没有新旧的分别。青年们读新书已成时髦，用不着再提倡，我只劝有闲工夫有好兴致的人对于旧书也不妨去读读看。

读书只是一步预备的工夫，真正学作文，还要特别注意写生。要写生，须勤做描写文和记叙文。中国国文教员们常埋怨学生们不会做议论文。我以为这并不算奇怪。中学生的理解和知识大半都很贫弱，胸中没有议论，何能做得出议论文？许多国文教员们叫学生入手就做议论文，这是没有脱去科举时代的陋习。初学作议论文是容易走入空疏俗滥的路上去。我以为初学作文应该从描写文和记叙文入手，这两种文做好了，议论文是很容易办的。

这封信只就一时见到的几点说说。如果你想对于作文方法还要多知道一点，我劝你看看夏丏尊和刘薰宇两先生合著的《文章作法》。这本书有许多很精当的实例，对于初学是很有用的。

再接下来，朱先生"谈情与理"，"谈摆脱"，"谈在卢佛尔宫所得的一个感想"，谈到心灵上的自我修炼，这与前几封信中偶尔涉及的话题一致，这三封是比较集中地进行讨论。前面十一封信，朱先生由校园而谈到社会，由物质而谈到情感，正是归结到抽象的层面上：美。朱先生在最后一封信中"谈人生与我"，其实就是发掘"生活之美"：或积极参与，或冷眼旁观，要顺着自然所给的本性生活着。

我有两种看待人生的方法。在第一种方法里，我把我自己摆在前台，和世界一切人和物在一块玩把戏；在第二种方法里，我把我自己摆在后台，袖手看旁人在那儿装腔作势。

站在前台时，我把我自己看得和旁人一样，不但和旁人一样，并且和鸟兽虫鱼诸物也都一样。人类比其他物类痛苦，就因为人类把自己看得比其他物类重要。人类中有一部分人比其余的人苦痛，就因为这一部分人把自己比其余的人看得重要。比方穿衣吃饭是多么简单的事，然而在这个世界里居然成为一个极重要的问题，就因为有一部分人要亏人自肥。再比方生死，这又是多么简单的事，无量数人和无量数物都已生过来死过去了。一个小虫让车轮压死了，或一朵鲜花让狂风吹落了，在虫和花自己都不值得计较或留恋，而在人类则生老病死以后偏要加上一个苦字。这无非是因为人们希望造物主待他们自己应该比草木虫鱼特别优厚。

因为如此着想，我把自己看作草木虫鱼的侪辈，草木虫鱼在和风甘露中是那样活着，在炎暑寒冬中也还是那样活着。像庄子所说的，它们"诱然皆生，而不知其所以生；同焉皆得，而不知其所以得"。它们时而庆天跃渊，欣欣向荣，时而含葩敛翅，晏然蛰处，都顺着自然所赋予的那一副本性。它们决不计较生活应该是如何，决不追究生活是为着什么，也决不埋怨上天待它们特薄，把它们供人类宰割凌虐。在它们说，生活自身就是方法，生活自身也就是目的。

从草木虫鱼的生活，我觉得一个经验。我不在生活以外别求生活方法，不在生活以外别求生活目的。世间少我一个，多我一个，或者我时而幸运，时而受灾祸侵逼，我以为这都无伤天地之和。你如果问我，人们应该如何生活才好呢？我说，就顺着自然所给的本性生活着，像草木虫鱼一样。你如果问我，人们生活在这幻变无常的世相中究竟为了什么呢？我说，生活就是为着生活，别无其他目的。你如果向我埋怨天公说，人生是多么苦恼呵！我说，人们并非生在这个世界来享幸福的，所以那并不算奇怪。这并不是一种颓废的人生观。

我们所居的世界是最完美的，就因为它是最不完美的。这话表面看来，不通已极。但是实含有至理。假如世界是完美的，人类所过的生活比好一点，是神仙的生活，比坏一点，就是猪的生活——呆板单调已极。因为倘若件件事都尽美尽善了，自然没有希望发生，更没有努力奋斗的必要。人生最可乐的就是活动所生的感觉，就是奋斗成功而得的快慰。世界既完美，我们如何能尝创造成功的快慰呢？这个世界之所以美满，就在有缺陷，就在有希望的机会，有想象的田地。换句话说，世界有缺陷，可能性才大。

这十二封信，均以学生们所正在关心或应该关心的事项为题，自朱先生笔下汩汩流淌，既如总结经验，勉励自己继续前行，又如促膝长谈，劝勉朋友携手共进。话题虽然分散，但也可以拎出一条线索：由读书而写作，可以成就辉煌人生。

第一，读书，是为了开眼界，学知识，丰富人生阅历，培养健康情趣。因此，一方面，"百无一用是书生"的读书无用论，"尽信书，则不如无书"的读书取消论，"绝圣弃智"的读书有害论，可以休矣；另一方面，"书中自有千钟粟""书中自有黄金屋""书中自有颜如玉"的读书功利论，"万般皆下品，惟有读书高"的读书至上论，也可以休矣。虽说"开卷有益"，但是胡乱翻书，消磨时间，学生会变得浑浑噩噩；读思想不健康的、知识错误百出的书，学生就会畸形发展，甚至学坏。读书应该成为学生健康成长的重要渠道。

第二，读书成为写作的重要源头，写作成为个人表达的需要。读书，既是学习过程，在读中学写——无疑而读，过目就忘，不知所云，这是在白白浪费时间与精力，碰到疑惑，不能打破砂锅问到底，不了了之，就会错失大步前进的机遇；又是积累过程，在读中体验各种不同的人生，厚积薄发，喷薄而出，写作成为描摹生活、探索世界的重要手段。多读多写，读少了自然写不出好文章，要写出好文章自然要多读书，读写相互促进。因此，"干巴巴""词不达意"，有了治愈的良方；"无病呻吟""矫揉造作"，需要赶紧医治。

第三，人生，要树立正确的世界观，善善恶恶，远离假丑恶，追求真善美。有人如"井底之蛙"，只顾眼前，得过且过，没想到或者没有想起第二天或下个月或第二年怎么办；有人"心比天高，命如纸薄"，只顾一心向前，头顶天空，忘了立地才能顶天，"不积跬步，无以至千里"。有人如"墙头草"，毫无主见；有人如"缩头乌龟"，排斥意见。一个人，特别是尚未涉世或涉世未深的学生，只有沉着、踏实，坚持走自己的路，才能奔向诗和远方。

"听君一席话，胜读十年书。"朱先生的促膝长谈，如春风吹拂大地。而朱先生以身垂范，始终践行着自己的主张。

1932年，朱先生在创作《文艺心理学》等美学名著之余，又写出一部亲切自然的小册子：《谈美》。《中学生》杂志选刊其中的部分篇章，再次受到学生的热烈欢迎；开明书店在出版时，索性将《谈美》封面附注上"给青年的第十三封信"字样，即《谈美：给青年的第十三封信》。

朱先生说："在写这封信时，我和平时写信给我的弟弟妹妹一样，面前一张纸，手里一管笔，想到什么就写什么，什么书也不去翻看，我所说的话都是你所能了解的，但是我不敢勉强要你全盘接收。"作者自称是"通俗叙议"《文艺心理学》的"缩写本"。在这本书里，朱先生提出了自己美学研究的理想目标——"人生的艺术化"，"引读者由艺术走入人生，又将人生纳入艺术之中"

（朱自清语），最后呼吁人们"慢慢走，欣赏啊"，认为"欣赏之中都寓有创造，创造之中也都寓有欣赏"。

时至1979年，朱先生八十二岁高龄之际，再次以老朋友的口气，写了十三封信，名曰《谈美书简》，以细腻的文笔，集中回复了青年关心的美学问题，而且谈到了许多治学为人的道理。

"学到点什么，马上就想拿来贩卖。我的一些主要著作如《文艺心理学》《谈美》《诗论》和英文论文《悲剧心理学》之类都是在学生时代写的。当时作为穷学生，我的动机确实有很大一部分是追求名利。不过这种边买边卖的办法也不是完全没有益处。为着写，学习就得认真些，要就所学习的问题多费些心思来把原书吃透，整理自己的思想和斟酌表达的方式。我发现这也是一个很好的学习方式和思想训练。问题出在我学习得太少了，写得太多太杂了。假如我不那样东奔西窜，在专和精上多下些工夫，效果也许较好些。"读而写，说的是大道；专而精，说的是方向。二者结合，效果更好。

从《给青年的十二封信》，到《谈美》，到《谈美书简》，朱先生由青年学生而成为博学鸿儒，始终倡导治学为人的重要经验：由读书而写作，成就自己的人生。

愿广大学生，听到朱先生的大声疾呼，从中获得有益的启示。

潘 安

二〇一八年四月

（作者简介：潘安，1975年生，现为安徽师范大学出版社综合编辑部主任，副编审。1992—2004年任中小学语文教师，2004—2007年攻读硕士学位，2007年任图书编辑至今。）

编写说明

　　清代学者王鸣盛在《十七史商榷》中说："凡读书，最切要者，目录之学。目录明，方可读书；不明，终是乱读。"又说："目录之学，学中第一要紧事，必从此问途，方能得其门而入。然此事非苦学精究，质之良师，未易明也。"是说书目推荐极其重要。

　　《义务教育语文课程标准（2011年版）》有5个附录，其中两个与阅读有关：一是《优秀诗文背诵推荐篇目》，要求1～6年级学生背诵古今优秀诗文160篇（段），7～9年级学生背诵80篇（段），合计240篇（段），并且推荐了古诗文136篇（段），其余部分（也包括中国现当代和外国优秀诗文）可由教材编者和任课教师补充推荐。二是《关于课外读物的建议》，要求学生九年课外阅读总量达到400万字以上，阅读材料包括适合学生阅读的各类图书和报刊，并提出如下建议：童话包括《安徒生童话》《格林童话》以及中外现当代童话等；寓言包括《伊索寓言》以及中国古今寓言等；故事包括成语故事、神话故事、中外历史故事、各民族民间故事等；诗歌散文作品包括鲁迅《朝花夕拾》、冰心《繁星·春水》等；长篇文学名著包括吴承恩《西游记》、施耐庵《水浒》、老舍《骆驼祥子》、笛福《鲁滨孙漂流记》、斯威夫特《格列佛游记》、高尔基《童年》、奥斯特洛夫斯基《钢铁是怎样炼成的》等；教师可根据需要，从中外各类优秀文学作品中选择合适的读物，向学生补充推荐；科普科幻读物，各类历史、文化读物及传记，以及介绍自然科学与社会科学常识的普及性读物等，可由语文教师和各有关学科教师商议推荐。这既是国家教育部门对学生阅读书目做出的明确规定，又给各地教师因材施教提供了充足空间。

目前教育正在改革，语文日益重要，语文的阅读与写作要求提高。为了引导孩子走向更广阔的阅读，把国家顶层设计"读古典、读经典、读名著"落实到每个人每一天上，合肥市江淮学校一至九年级语文教师在张曙校长的带领下，一直致力于中小学阅读书目研究。书目研究小组在专家指导下，反复论证，多次筛选，最终推出中小学阅读体系与分级书目，做了"诵读书目""跟读书目""拓展书目"的分类，标出"精读""泛读"的方法，以及安排年级、学期、周次的导读书目计划，解决广大教师共同存在的"什么是好书、如何去读"这一微观问题。在运行过程中，我们不断调整，予以完善，效果显著，深受广大师生欢迎，也获得众多家长的支持与赞许。我们希望，这项书目研究工作，能够获得更多专家与领导的支持，能够持续完善。

本书由偶正涛先生作序，名曰《让中小学生多读书，读好书》。偶先生是新华社数字阅读中心总编辑，又是浙江大学数字阅读与数字出版研究中心特聘研究员，在中小学生课外阅读方面颇有心得。

朱光潜先生曾经以书信的形式，公开与青年学生促膝长谈，如何读书，如何写作，如何规划人生，犹如在茫茫黑夜点亮一盏明灯，如今读来仍然令人警醒。我们以读后感的形式，发掘朱先生治学为人的有益经验，名曰《由读书而写作，可以成就辉煌人生——读朱光潜先生〈给青年的十二封信〉》，是为代前言。

本书第一至三章，是中小学阅读书目研究的直接成果。三章，是三个层次：第一章"分级书目及推荐理由"，分学段或年级逐本推荐，旨在让学生初步了解图书的内容，激发阅读兴趣；第二章"分级书目导读集成表"，按年级、分学期列出读书计划，运用或诵读或精读或泛读的方法；第三章"分级书目简录"，仅录书名，既可作购书单，又可作自查表。三章书目，大体上对应，局部有调整，既落实整体阅读计划，又满足个性阅读需求。为充分展示中小学阅读书目研究成果对师生教学的指导作用，我们特别搜集、整理、归纳出学校师生使用中小学阅读书目的创造性活动，与兄弟学校交流，是为第四章"阅读实践"。能将研究成果付诸实践，并能与大家分享经验，是为快乐；若大家学而用之，并给予批评指正，以便日后进一步完善，则更为快乐。

在此，还要说明两点：

一是推荐的名篇名作。有的是课标列举的书目，有的符合课标附录《关于课外读物的建议》的精神，还有的属于自编材料，未公开出版，或网上资料，作者无法考证。希望读者活学活用，灵活安排，可以根据自己情况及时作出调整。

二是出于教学研究的需要，我们搜集了不少内容提要，引用了一些阅读活动的案例。有的内容做了部分删减，有的文字做了少量改动，有的出处缺失而现在无法查到。我们对图书内容提要的原创者与阅读活动案例的作者，致以深深的谢意！

限于水平，本书不足之处在所难免，欢迎反馈，以便修订。

目　　录

第一章　分级书目及推荐理由

第一节　一二年级书目及推荐理由

1.《三字经》（部分）

王应麟，字伯厚，号深宁居士，进士出身，博学多才，是南宋末年的学者。

《三字经》是传承中国传统文化的经典启蒙教材，从"教的榜样""教的责任""学的意义"，说到"礼仪""常识""学问""历史"，又说到"学习的榜样"，其中不乏"孟母三迁""窦燕山教子有方""头悬梁、锥刺股""囊萤映雪""老年发奋""少年好学""女子有为"等经典故事。

2.《弟子规》（部分）

李毓秀，字子潜，号采三，生于清代康熙年间，卒于乾隆年间，享年83岁。

《弟子规》原称《训蒙文》，浅显易懂，句句押韵，适合学龄儿童记忆背诵。第一部分是总叙，也就是全篇的总纲；第二部分是正文，详细列述弟子在家、出外、生活、学习上应该恪守的道德和行为规范。

3.《日有所诵》

编选适合儿童的，有节奏、有意韵、具有文学之美和自然之美的文本，包括古诗和童谣。

4.《千字文》（部分）

周兴嗣，南朝大臣，史学家，博学，善于属文。

《千字文》是中国早期的蒙学课本，四言长文，句句押韵，朗朗上口，条理清晰，涵盖天文、地理、自然、社会、历史等多方面的知识。它不仅是启蒙和教育儿童的最佳读物，还是一部生动优秀的小百科全书。

5.《百家姓》（部分）

成于北宋初。采用四言体例，对姓氏进行了排列，句句押韵。它对传承中国姓氏文化、认识中国文字等起了巨大作用。与《三字经》《千字文》并称"三百千"。

6.《声律启蒙》（部分）

车万育，字双亭，一字与三，号鹤田，湖南邵阳人。性刚直，善书法。

《声律启蒙》是训练儿童应对、掌握声韵格律的启蒙读物。按韵分编，包括天文、地理、花木、鸟兽、人物、器物等的虚实应对。从单字对、双字对、三字对、五字对、七字对到十一字对，声韵协调，朗朗上口，从中可得到语音、词汇、修辞的训练。

7.《小学生必背古诗词100首》（部分）

当中75首是教育部指定的小学生须掌握的诗歌篇目，另有25首是小学《语文》课本中常见的诗词。注释严谨，译文精当，赏析贴切，注音准确，配图精妙。有"请你读读""帮你理解""作者简介""引你欣赏""带你练练"等内容。

8.《笠翁对韵》（部分）

李渔，原名仙侣，字谪凡，号天徒，中年改名为李渔，字笠鸿，号笠翁，别署觉世稗官、笠道人、随庵主人、新亭樵客、湖上笠翁等。既是清代剧作家和戏剧理论家，又是杰出的小说家和美学家。李渔自幼聪颖，少壮学识渊博，擅长古文词，旁及杂艺，尤以小说、戏曲并擅。

本书仿照《声律启蒙》写成，故叫《笠翁对韵》，是学习写作近体诗、词，熟悉对仗、用韵，组织词语的启蒙读物，对于儿童来说，非常有用。

9.《中华经典素读范本》

陈琴，特级教师，当代"素读"经典课程创始人，古诗词吟诵专家。她的学生经六年的经典"素读"训练后，能达到"背诵十万字，读破百部书，能写千万言"的教学目标。

《中华经典素读范本》收录中华经典的蒙学、诗律、常识、四书五经、诸子等经典名篇，是一套为一至六年级的孩子精心准备的，可作为现行语文教材的补充读本。

10.《中华童谣》

按照母歌的序列辑成选本的童谣集，朴实、真挚、清新、有趣，朗朗上口，贴近生活，可供婴幼儿到学龄前的儿童选用。本书图文并茂，对每一首儿歌都有提示，说明这首儿歌产生的时间，曾经在哪些地方流传。

11.《猜猜我有多爱你》

山姆·麦克布雷尼，1945年生于爱尔兰的贝尔法斯特。在爱尔兰的著名学府都柏林主日学院求学多年，原本只是教师，在为患有阅读障碍的学生创作故事的同时，爱上了故事里丰富的想象力。

一连串贴近孩子且富有想象力对话，清楚地道出亲子间温馨的情感。绘者选择淡黄色的纸张来呈现柔和的春天草原，以简洁流畅的线条描摹两只表情十足且充满动感的兔子，将孩子想撒娇的姿态表露无遗。世上无条件付出的亲情，是这般甜而不腻，在全世界深受许多家庭的喜爱。

12.《逃家的小兔》

赫德，不但为孩子写了10多本童书，更与一群好友一起为儿童文学的教育、创作与出版开拓出影响深远的天地。她擅长用精简的、富于游戏性的、有韵味的文字来铺陈故事。

本书记录在兔子妈妈和小兔子之间的奇妙对话，构成了一个诗意盎然的小故事。2001年被美国《出版者周刊》评为"所有时代最畅销童书"（精装本）第104名。

13.《可爱的鼠小弟》

中江嘉男，生于日本神户县，毕业于日本大学艺术学系美术专业。主要作品有《淘气的小拉拉》《心灵绘本》等。

本书从儿童的视角来描绘精彩的大世界，以简单重复的句子为孩子提供最佳的语言学习机会，以出人意料的情节激发孩子无限的想象力，又以简洁明了的图画让孩子获得纯粹的美感体验，被誉为"日本绘本史上不可逾越的巅峰"。

14.《鳄鱼怕怕牙医怕怕》

五味太郎，1945年生于日本东京，毕业于桑泽设计研究所工业设计科。27岁开始创作图画书，至今已出版了300多本创意独特的图画书。

"牙痛不是病，痛起来要人命。"如不去看医生，得忍受痛不欲生的牙疼；如果去看医生，得承受躺在牙医床上的痛苦折磨。牙医每天除了要看那些可怕的蛀牙之外，还得忍受病人的惨叫。五味太郎以诙谐的对比文字，幽默地刻画出病人和牙医对立的矛盾心理。

15.《爷爷一定有办法》

菲比·吉尔曼，生于纽约，现定居于加拿大。《爷爷一定有办法》是她出版的第七本书。

约瑟从小就和爷爷建立起深厚的感情。爷爷把孙子心爱的破毯子变成外套、背心、领带、手帕、纽扣……这原本是一个流传已久的民间故事，作者用重复而富有节奏的文字来重述，既温馨又朗朗上口。图画则细腻地描绘出充满浓厚人情味的小镇和约瑟的家庭。

16.《杨红樱童话系列》

杨红樱，曾做过小学老师、儿童读物编辑和儿童刊物主编。其儿童文学作品曾获中宣部"五个一工程"奖、全国优秀儿童文学奖等。

本系列图书讲述生命的可贵与价值，万物的存在与意义，友谊的温馨与重要，幸福的追求与守护，使读者领略童话世界超越世俗的浪漫、幻想、夸张、拟人、变形、神奇、幽默。

17.《丁丁历险记》

埃尔热，真名乔治·雷米，比利时漫画家。

《丁丁历险记》的故事以冒险为主，辅以科学幻想的内容，同时倡导反战、和平和人道主义思想。故事的灵感来自丹麦作家和演员帕勒·哈尔德的环球旅行经历，当时年仅15岁的他44天环游了世界。

18.《比得兔的世界》

比阿特丽克斯·波特，出身于英国贵族家庭，从小受到良好的绘画教育，喜爱将身边的小动物拟人化，用绘画来表达自己对周围世界的观察和想象。英格兰湖区是她灵感特殊的来源，她对大自然的热爱使她创作出著名的"小书"系列。

《比得兔的世界》这本书是经典童话故事王国中一颗熠熠闪耀的明珠。自从1902年比得兔在麦先生的花园里狼狈逃窜、丢掉了蓝上衣的形象在图画书中登台亮相,它和它的伙伴们便一个接一个地以不可抗拒的魔力闯进了数以千万计的孩子的童年生活。

19.《米小圈上学记》

北猫,原名刘志刚,儿童文学作家、资深动画编剧。

《米小圈上学记》讲述了米小圈的小学生活,既快乐又烦恼,为学习的成绩、严厉的老师、家长的管教、刁蛮的同桌和调皮捣蛋的同学所苦恼。快来和米小圈一起,将这些事都写在日记里,然后祈祷不好的事情马上过去,开心的事赶快都来吧。

20.《漫画孙子兵法》

孙家裕,台湾漫画家。

《漫画孙子兵法》是用小朋友喜欢的漫画形式,表现中国古典军事文化遗产中的璀璨瑰宝《孙子兵法》,让小朋友在轻松活泼的阅读过程中认识《孙子兵法》。它给我们提供了许多思考问题、解决问题的方法,使我们办起事来多几分智慧,少走些弯路。

21.《淘气包马小跳》

杨红樱,儿童文学作家。

《淘气包马小跳》以漫画的形式描写一群调皮孩子的快乐生活,以及他们和家长、老师、同学的故事,映射当代儿童的生活现实与心理现实,呼唤张扬孩子的天性,舒展童心、童趣,探析成人世界与儿童世界之间的隔膜、误区,倡导理解、沟通。

22.《父与子》

埃·奥·卜劳恩,德国漫画家。

本书实际上就是作者与儿子克里斯蒂安的真实写照,通过父子言行刻画普通民众的生活，充满了人性的温情和幽默。父亲和儿子善良、乐观，遭遇困难不绝望，获得意外财富不忘本，一直过着许多人向往的快乐生活：平常而快乐，温馨又奇妙。《父与子》被誉为德国幽默的象征。

23.《上学就看·熊爸爸幽默童话》

《上学就看·熊爸爸幽默童话》是专为小学一二年级孩子打造的阅读精品，收录了安武林、张秋生的经典童话。正文前有导读，后设词语积累、仿写句子等栏目，能够帮助小朋友提高语文学习能力。

24.《蓝猫刨根3000问》

精选小朋友们感兴趣的问题，追本溯源，满足小朋友"打破砂锅问到底"的好奇天性。精美绝伦的图画、幽默诙谐的情景对话与轻松活泼的讲解相得益彰，让小朋友们轻轻松松长知识。

25.《动物世界大百科》

邢涛，儿时喜信手涂鸦，今在泗河之边筑一小楼，名曰一韵堂。懂鉴赏，富收藏，闲来弄弄绘事。

本书以生动活泼的语言，描写了一个多姿多彩的动物世界，不仅使读者了解到动物的形态特点和生活习性，增加小朋友对动物的认知，还能让小朋友们知道：动物是世界的一部分，是人类的好朋友，我们要好好保护它们。

26.《巨眼丛书》

法国NATHAN出版社出版的一套经典、畅销的科普丛书，涵盖了自然科学和社会科学的方方面面：天文、地理、风土人情、科学技术、医学知识等，在许多国家经久不衰。

27.《小心大发明》

"处处留心皆学问"，发现问题，只是发明的第一步，探索和解决问题才是发明的关键。本书讲述人类重大发现和发明的故事，在讲述故事的同时，介绍了一些科普知识，设计了一些动手动脑的小任务。小朋友，认真阅读，积极思考，做个有心人。

28.《一粒种子的旅行》

安妮·默勒，德国画家。

我们常常会在很多不可思议的地方发现植物的影子，比如在石墙的缝隙里、高高的房顶上、广场的角落里……植物没有脚，也没有交通工具，它们究竟是怎样到达这些地方的呢？本书介绍了植物的种种"旅行"手段，例如老鹳草的"小勺子"、田蓟的"小伞"、草莓的匍匐茎……种种奇妙的方法，让人大开眼界。

29.《趣味科普立体书：太空》

作者彼得·邦德。

宇宙中都有什么？地球的结局会怎样？月球上有水吗？太阳系的行星各自有什么"秉性"？不同的恒星会经历怎样的演化历程？行星上有生命存在吗？……答案尽在本书中。

30.《三只松鼠奇幻冒险贴纸书》

小朋友，你喜欢贴纸，对吗？《三只松鼠奇幻冒险贴纸书》可以满足你的愿望。把小小的贴纸撕下，粘到对应的位置上，让你做"精细活"。玩贴纸书，锻炼了手，锻炼了眼，可以提升观察力。快来一起动手吧。

31.《儿童色铅笔基础入门》

这本书是一本适合小朋友学习的创意绘画启蒙图书。简单的绘画工具，让小朋友可以很快掌握色铅笔的绘画技巧。生动而富有趣味的案例，使学习绘画的过程变得很有乐趣，在学习案例的同时引导小朋友们不断地去发现更多新鲜的事物，从不同角度观察事物，让创意的思维一点点进入孩子的心里。

32.《培养孩子从画画开始》

鸟居昭美，日本画家。

这本书能帮助父母正确认识小朋友的绘画作品以及孩子作品背后所蕴涵的价值，从儿童心理和生理发展的角度来指导成人真正了解孩子涂鸦的内在需求，以及如何对孩子进行必要的引导与帮助。书中还针对不同年龄段孩子涂鸦表达的特点进行系统归纳和点评，对父母和老师提出的常见问题进行解答。

33.《折纸大全书手工》

这本书收录了动物、植物、容器、服饰、交通工具、玩具等诸多折纸示例，能充分培养小朋友的动手能力，同时让孩子了解他们知识范围以外的东西。一张小小的纸片，在小朋友稚嫩的小手里创造出一个可爱精致的造型，既能培养孩子的动手动脑能力，又能陶冶孩子的情商。

34.《125游戏提升孩子专注力》

这是由台湾专业医师团队设计的儿童专注力训练书，以专注力理论为基础，用"走迷宫""连连看""找单词""密码破解""找不同"五大类纸笔游戏引导小朋友注意观察细节，提高观察能力。依游戏的难易程度，分为初阶、中阶、高阶，适合不同年龄段的孩子使用。

35.《哈佛给学生做的1400个思维游戏》

这本书涉及形象立体思维、逻辑推理思维、科学分析思维、逆向发散思维、数学综合思维、创新想象思维，有很多小问题，后面附有答案。

36.《李昌镐儿童围棋课堂初级篇》

李昌镐，韩国职业围棋棋手。

本书从零开始，向小朋友介绍什么是围棋以及简单的行棋规则，以启发儿童学棋兴趣为主，使儿童对围棋及其下法形成初步的认识。配有练习题及其详细解答。

37.《天天数独竞赛教学版》

这本书分"按题型讲解常用技巧""示意图""真题讲解""与竞赛题型相同的练习题"四个部分，按照正规赛前培训班的课时及内容安排章节。作者方拥有出题者、竞赛组织者的优势，对小学生数独比赛题目难度、分类掌握精准，深受参赛的学生及其老师、家长的欢迎。

38.《小红花脑筋急转弯》

小朋友，你想在课间十分钟体验过山车的惊险刺激吗？想在沙发上过把海盗船瘾吗？那就来个"脑筋急转弯"吧！出一道脑筋急转弯考考同学，不管他们怎么求情，给什么好玩的玩具，就是不告诉他们答案，看他们抓耳挠腮的样子，是不是很好玩？出一道脑筋急转弯考考妈妈，要她一遍一遍地猜不对答案，任凭她急得团团转，就是不告诉答案，是不是很过瘾？一本《小红花脑筋急转弯》就能帮助你，快点行动吧。

39.《培养超级神童的1000个思维游戏》

本书精选很多学生都在玩的侦探推理游戏和逻辑思维游戏，从不同角度全方位多层次锻炼小读者的推理及逻辑思维能力。快来一起加入吧。

40.《给儿童的物理科学书》

聪明又酷爱冒险的男孩列奥和调皮可爱的帕拉斯猫，把我们带入一个奇趣的物理世界。它以有趣的方式描绘了物理的四大学科板块：材料，机械，结构和建筑，能量和运动，展现了人类物理发明改变世界的历程。

41.《谜语三百首》

本书由四川美术出版社出版，所收谜语活泼有趣，小朋友能在猜谜语的过程中认识许多动植物、生活用品、文体用具、自然和宇宙现象、交通工具、建筑、军事、科技、游戏、食品、农业用品等，能提升读者的认知能力、联想能力。

第二节　三四年级书目及推荐理由

1．《封神演义》

许仲琳，明朝小说家。

又名《封神榜》，是一部中国古代的神魔小说，共一百回。描写了诸仙斗智斗勇、破阵斩将封神的故事，生动刻画了姜子牙、哪吒、杨戬等人物形象。

2．《三国演义》（部分）

罗贯中，名本，字贯中，号湖海散人，元末明初小说家、戏曲家。

滚滚长江东逝水，浪花淘尽英雄。小说描写了从汉灵帝到晋武帝之间一百多年的历史，用宏阔有致的笔触勾画出魏、蜀、吴三国征战争雄、兴衰存亡的过程。小说塑造了大量栩栩如生的人物：宽厚仁爱的刘备，残暴奸诈的曹操，一身正气的关羽，粗中有细的张飞，还有头戴纶巾、手摇羽扇的诸葛亮，以计谋见长的周瑜和司马懿。他们斗智斗勇的故事早已给人们留下了深刻的印象……

3．《西游记》（部分）

吴承恩，字汝忠，号射阳山人，明代小说家。自幼聪慧，喜读野言稗史、志怪小说。

书中师徒四人，性格不同，但最终团结一心，不畏艰难、不怕险苦，与困难作顽强斗争，西天取经，经历九九八十一难，最终取得真经。丰富的想象，大胆的夸张，使作品充满了浓郁的浪漫主义色彩。

4.《金波儿童诗选》

金波，原名王金波，儿童文学作家。

他的诗作，能让人在春天的气息中闻见儿童的芬芳，在野餐的炊烟中听见欢乐的笑声，一起去沙滩捡贝壳，一起去密林中采树叶。鲜明的形象，新颖的构思，以及流动的恬静，淋漓尽致地刻画出孩子们美好的内心世界，让人读来仿佛身临其境，感同身受。

5.《稻草人》

叶圣陶，原名叶绍钧，著名作家、教育家、社会活动家。

本书收录叶圣陶中短篇童话作品三十余篇，书名便是其中一篇童话的篇名，暗喻像叶圣陶先生一样有心想做一个来解救处于水深火热之中的人民的人，但因为自己力量微薄，无法成功，无奈之下只得眼看着人民受苦，心有余而力不足。

6.《秋风娃娃》

王宜振，作家。

《秋风娃娃》是其代表作之一。在诗中，作者把秋风拟人化，写成一个调皮的孩子，生动形象地展现了秋风的特点。

7.《徐悲鸿作品集》

徐悲鸿，著名画家。

欣赏画家名作是一种很好的美学教育方式。大师徐悲鸿取法西方古典写实绘画，力倡用"写实主义"改造中国画，强调"尽精微、致辞广大""惟妙惟肖""直接师法造化"，特别是他的"素描是一切造型艺术的基础"论，在画史上产生了划时代的影响。

8.《故乡的桂花雨》

琦君，原名潘希真，当代台湾女作家、散文家。被誉为"台湾文坛上闪亮的恒星"。

琦君祖籍浙江永嘉，12 岁随父母迁居杭州，1949 年赴台湾。因此，她的笔下既有对故乡山水和童年生活诗一样的回忆，也有对父母师长挚友深沉的怀念，有对在台湾生活的叙写，又有对异域旅游的观感，但其中写得最好最多的，是怀乡思亲的散文，《故乡的桂花雨》就是其中之一。它不仅具有儿童语言的天真和亲切，还有温柔敦厚的古典情调，很适合爱好文学的你读一读。

9.《司马光的故事》

读史可以明智。司马光是北宋时期著名的政治家，也是当时了不起的大学问家。流传千古、影响深远的历史著作《资治通鉴》就是他编写出来的。在他小时候，发生过很多有趣而又启迪后人的事情，其中最著名的就是他捡起大石头砸水缸的故事了。打开这本书，一起去看看这个从小就是一副小大人模样的孩子身上，还发生了哪些有趣的事情吧。

10.《童第周的故事》

林承谟，原名林学武，高级编辑，曾任京华出版社第六编辑室主任。

童第周是生物学家，中国实验胚胎学主要开创人之一。《童第周的故事》是《实干兴邦·科学家故事丛书》中的一本，从童第周出生开始讲起，"少年勤学苦""异域求学艰""国难独钻研""新生一力担""奋斗不容艰"，为我们呈现出老一辈科学家的风采。

11.《李时珍的故事》

李时珍是明代医药学家。他经过长期艰苦的实地调查，完成《本草纲目》的编写工作。李时珍的故事，作为民间文学，既有一定的趣味性和科学性，从不同的侧面勾勒出一个尝百草，疗民疾，敢喜敢怒和刚正不阿的医圣、药仙的形象，又能够通过他深入实际进行调查，不偏听偏信，激励我们学习他"实践出真知"的精神。

12.《珍珠鸟》

冯骥才，当代作家。

本书内容丰富，篇篇精彩。这里有文笔优美、感情真挚、寓意深刻的一篇篇散文。作者以写知识分子生活和天津近代历史故事见长，但常常选取新颖的视角，用多变的艺术手法细致深入地进行描写，品味生活的真谛，书写人与自然的和谐境界。

13.《海燕》

郑振铎，现代作家、文学评论家。

作者在文章中抓住燕子的特征，用细腻的笔触，托物言志，借身处异乡时看见小燕子表达对祖国故乡的思念之情，从内心自然而然地抒发浪迹天涯的游子对祖国和故乡魂牵梦萦的思念之情。前有工笔描绘家乡春景图中的燕子，后有万顷波涛上勇敢飞翔的海燕，前后呼应，实为学习写作时的典范。

14.《筏子》

袁鹰，原名田钟洛，作家。

筏子，原指一种水上交通工具，这里特指黄河上的羊皮筏子。作者以散文见长，题材广泛，感情激越，思想深邃，文字中描述的一人一事、一景一物，都反映了当时社会的人情风貌，跳动着时代脉搏。在艺术方面，他的散文深含着诗的因子，具有诗的联想、诗的意境、诗的语言，充溢着诗情画意。

15.《郑渊洁童话系列》

郑渊洁，作家。

舒克和贝塔是郑渊洁笔下最著名的童话形象，讲述两只小老鼠通过努力而闯出了一片自己的天地。郑渊洁说："我希望我的童话是一个自由的天地，孩子们置身于其中发展自己的个性；我希望我的童话是一个娱乐的场所，小读者们可以在书中玩个痛快，从早笑到晚。"

16.《绿野仙踪》

莱曼·弗兰克·鲍姆，美国儿童文学作家。

这是一本家喻户晓的经典童书，有"美国最佳童话故事"之称。书中讲述了一场关于爱、勇气、团结与梦想的奇妙冒险，从头到尾都是光怪陆离的幻想，都是一个个充满惊险和刺激的旅程，令小读者们目不暇接。

17.《爱丽丝漫游奇境记》

刘易斯·卡罗尔，真名叫查尔斯·勒特威奇·道奇森，英国数学家，口吃，不善与人交往，但他兴趣广泛，对小说、诗歌、逻辑都颇有造诣，还是一位优秀的摄影师。

《爱丽丝漫游奇境记》以梦幻的形式，将你带入一个离奇的故事中，情节扑朔迷离，变幻莫测，表面看来荒诞不经，实际上富有严密的逻辑性和深刻的内涵，是智慧与幻想的完美结合。吃些东西就可以长大或变小，小老鼠可以和你一起游泳，毛毛虫和你一般高，小猪接见公爵夫人的孩子，还有龙跳舞……那里是一个奇异的世界。

18.《中国民间故事》

本书包含了丰富的历史知识、深厚的民族情感，也包含了丰富的想象力。中国民间故事蕴含着英雄主义、乐观主义、人道主义等崇高的思想与美德。对青少年读者来说，阅读中国民间故事，对传承民族文化、启迪智慧、拓宽文化视野有积极的作用。

19.《亲爱的汉修先生》

贝芙莉·克莱瑞，美国作家。

这本书或许能给你的作文能力提供很大的帮助！五年级男生雷伊因为着迷于作家汉修先生的书，给作家写了一封信。正好老师布置的作业也是给作家写信。雷伊在信里给作家提了9个问题。奇妙的是作家竟然给雷伊回了信，给雷伊提出了20个问题：你是谁？长什么样？家有什么人？住在哪里？等等。这下变成了讨厌作文的雷伊的负担……这是雷伊给作家汉修先生写的信和他的日记。父母的离婚，小狗班弟的失踪，午餐被偷和安装警铃……读了雷伊的记述，你会和"亲爱的汉修先生"一样笑出声来。这是一本看起来平平淡淡其实很有滋味的书。曾获得1984年纽伯瑞儿童文学奖金奖。

20.《乌丢丢的奇遇》

金波，作家。其作品曾获得国家图书奖、"五个一工程"奖等。

这部作品是一部充满美丽幻想的诗体童话。作家为我们塑造了两个可爱的童话形象：独脚大侠和诗人吟痴。吟痴领着乌丢丢去寻找布袋爷爷，他们的经历构成了一幅壮美的人生图卷。情节起伏，语言轻灵，作品在昭示作家心灵深度的同时，具有较高的美学价值。

21.《怪老头儿》

孙幼军，作家。被誉为"一代童话大师"。中国首位国际安徒生奖提名者。

书中主要讲述一个名叫"赵新新"的主人公，一个比较寂寞的男孩。在学校和家庭都不受欢迎的他，没想到在电车给一个怪老头让座之后，就此改变了自己的生活。这部作品主要借助一个怪老头和孩子之间的故事，来反映孩子的内心世界，给孩子带来神奇的体验。

22.《草房子》（部分）

曹文轩，作家。2016年4月4日，曹文轩获"国际安徒生奖"。

草房子是一个美丽的地方，记录着懵懂、浪漫、温馨也不乏忧伤、烦恼的童年时光。作品写了男孩桑桑刻骨铭心、终生难忘的六年小学生活。六年中，他亲眼目睹或直接参与了一连串看似寻常但又催人泪下、感动人心的故事，这一切，既清楚又朦胧地展现在少年桑桑的世界里。在喧嚣的都市里，读一读《草房子》，想象着在拥有纯净天空的乡野中，懵懂的少年迎着微风奔跑在夕阳的余晖里，这个唯美的画面，是桑桑的，是你的，也是我的，是我们心底永恒的美丽记忆。

23.《宝葫芦的秘密》

张天翼，学名张元定，字汉弟，号一之，笔名张天净、铁池翰等，作家。

宝葫芦为什么那么神奇？它藏着什么秘密？让我们翻开《宝葫芦的秘密》，去寻找答案吧。书中的小学生王葆拥有一个神奇的宝贝——宝葫芦。这个宝葫芦什么都可以变出来，可以做出一道很难的数学题，也可以变出好多好吃的零食，还可以变出飞机模型。但是后来王葆为拥有这个宝葫芦生出了无数的烦恼，竟然把这个宝葫芦砸碎了。是不是觉得很可惜呢？那么到底是怎么回事？读了这本书，一定会有很多收获的。

24.《安徒生童话》

汉斯·克里斯蒂安·安徒生，丹麦作家。被誉为"世界儿童文学的太阳"。

翻开这本书，会看到可怜的丑小鸭变成美丽的白天鹅，善良的灰姑娘终于实现了自己的幸福，聪明的小王子为父亲找到了生命之水……这些感动过几代人的经典童话故事，会在孩子们心灵中播撒真、善、美的种子。

25.《淘气包马小跳系列》

这是杨红樱创作的儿童小说系列。杨红樱的作品是一个丰富而广大的儿童世界，既是儿童的现实生活世界，又是儿童的精神生命世界。守望童年，陪伴成长，浓缩精华，阅读收藏，让童真童趣永葆新鲜，共享温暖关怀。

26.《大林和小林》

这是张天翼创作的儿童文学作品，讲述一对孪生兄弟因各自不同的经历变成了完全不同的人：一个成了肥胖愚蠢的寄生虫，一个成了真正的劳动者。新奇的想象、极度的夸张、漫画化的讽刺喜剧手法、层出不穷的闹剧场面以及滑稽、幽默、儿童化的语言，折射出中国人的幽默与智慧。

27.《长腿叔叔》

简·韦伯斯特，原名爱丽丝·简·韦伯斯特，美国著名作家马克·吐温的孙侄女，也是美国著名的小说家。

《长腿叔叔》讲述女孩茱蒂在孤儿院长大，后被一个好心的理事送去念大学，这期间她给长腿叔叔写了81封信，展示了一个在长期压抑环境下长大的女孩如何自尊、自爱、自强，最后得到社会的承认并获得了爱情。本书一度被媒体称为"一本百年难得一见的好书"。

28.《吹牛大王历险记》

鲁道尔夫·埃里希·拉斯伯，德国文学家。

作品通过描写闵希豪生男爵的游历故事，刻画了一个既爱说大话又机智勇敢、正直热情的神秘骑士形象。斗过鳄鱼？骑过大炮？上过月球？受到过美神维纳斯的接待？借助将军头顶上缭绕的烟雾点燃了小纸片？乘坐狼拉的雪橇？这些场景觉得不可思议吧，请和吹牛大王一起经历这些让人捧腹大笑的冒险吧！

29.《木偶奇遇记》

卡尔洛·科洛迪，意大利作家。

这部作品从19世纪出版以来，一直受到大人和孩子的欢迎。皮诺曹是《木偶奇遇记》里的主人公，木偶皮诺曹应该算得上是世界上鼻子最长的男孩儿了，他的鼻子长得连想在房子里转个圈都不可能。这是一部关于成长的作品，匹诺曹从木偶变成真正的孩子的过程，就是一个顽皮捣蛋的孩子长大成熟的过程。来看一看这本书吧！

30.《格列佛游记》（部分）

乔纳森·斯威夫特，英国著名的讽刺作家。

这部小说写的是格列佛到小人国、大人国、飞岛国等种种离奇的遭遇，内容有趣，想象丰富。相信看了这部小说，一定会被它深深吸引住。

31.《汤姆·索亚历险记》

本书是马克·吐温的代表作。小说主人公汤姆·索亚天真活泼，富于幻想和冒险，不堪忍受束缚个性、枯燥乏味的生活，幻想干一番英雄事业。小说通过主人公的冒险经历，对美国虚伪庸俗的社会习俗、伪善的宗教仪式和刻板陈腐的学校教育进行了讽刺和批判，以欢快的笔调描写了少年儿童自由活泼的心灵。《汤姆·索亚历险记》以其浓厚的深具地方特色的幽默和对人物敏锐观察，一跃成为伟大的儿童文学作品，也是一首美国"黄金时代"的田园牧歌。

32.《长袜子皮皮》

林格伦，瑞典作家。1946年至1970年担任拉米和舍格伦出版公司儿童部主编，开创了瑞典儿童文学的黄金时代。

故事主人公皮皮的妈妈很早就去世了，皮皮想象自己的妈妈变成了天使。爸爸是船长，一次风暴中爸爸的船被卷进大海失踪了，但皮皮不相信爸爸会被淹死。结果爸爸飘到了一个海岛上成为一群黑人的国王。皮皮就是这么一个乐观的孩子，无论遇到任何困难问题，都能够积极想办法去解决。

33.《我要做好孩子》

黄蓓佳，作家。

这是一部适合少年儿童和家长、老师共同阅读的长篇小说。小说艺术地展示了一个小学生的学校、家庭生活，成功地塑造了金铃、于胖儿、尚海、杨小丽等小学生和妈妈、爸爸、邢老师等大人的形象，情节生动，情感真切，语言流畅，富有鲜明的时代特色和浓郁的生活气息，能给读者思考与启迪。

34.《中外名人故事》

周小霞改编。

此书让孩子们见识形形色色的人物，了解广阔的社会生活，进而增长智慧，丰富生命内涵，分清是非、善恶和美丑，让孩子们的心灵得到充实。

35.《让孩子着迷的77×2个经典科学游戏》

后藤道夫，为小朋友写了很多科普书，是深受日本儿童喜爱的"实验伯伯"。

咦！水壶自己浮在半空中？鸡蛋居然悬在杯沿上？水里的光束会自动拐弯？用钟表也能测出方位？……这些看似神奇的科学游戏，其实根本不用高深的技巧，只要利用小小的科学原理，每个孩子都能创造出让人眼前一亮的奇迹。这本书从77个简易好玩的科学游戏入手，循序渐进，进阶到77个不可思议的科学游戏，以图文并茂的方式营造出快乐的学习环境。孩子可以亲自动手，在游戏中体验科学的神奇力量，培养丰富的想象力；老师可以通过操作示范，帮助孩子理解和运用各种科学原理，提升学习力；父母也可以与孩子互动起来，教会孩子独立思考，发掘出他们潜藏的创造力。

36.《十万个为什么》

伊林，苏联科普作家。

好的书像光一点点照亮你我的心房，好的书能满足你我的需求，如果你的心里有许多疑问的话，那就看看这本书吧！看了这本书，就好像在宇宙中旅游一样，看到宽阔无比的宇宙，土星、木星、金星、天王星……在身边环绕。这是一种全新的感觉，这是一种从未有过的快乐。

37.《奇妙的数王国》

李毓佩，著有《奇妙的曲线》《数学奇境故事丛书》等。

在这本书中，作者让数学化身各种各样个性鲜明的角色，有智斗兀鹫的小鹰，有热情好客的零王国，等等，发生一个个生动有趣的小故事。希望有更多的小朋友来到奇妙的数王国游历一番吧！

38.《科幻故事大世界·天外来客》

金涛，科普作家。

本书中的科幻故事，是选取世界科幻小说中的名著，在保留原作品主要人物、情节和思想内容的基础上改编而成的。这些科幻故事，读来引人入胜，用较少的时间，就可以了解到很多科幻名著的内容。

39.《科学家故事100个》

在这本书里，编者介绍了古今中外100位科学家的故事。这些故事短小、生动、有趣，从不同的侧面反映了科学家们的思想、工作和生活，仿佛是用照相机拍下科学家一生中最精彩的镜头，然后一幕幕展现给大家，大家可以得到许多有益的启示。

40.《高士其科普童话》

高士其，中国科普事业的先驱和奠基人，被青少年亲切称为"高士其爷爷"。

本书收录了高士其科普丛书中脍炙人口的《菌儿自传》《霍乱先生访问记》《生物界的小流氓》等多篇童话。作者以幽默风趣的手法，深入浅出地阐释了一个个科学知识。在作者笔下，菌儿们时而在呼吸道里探险，时而在肺港战斗，时而在肠腔里开会，十分调皮可爱，孩子们在生动的故事中可以了解细菌对人类生活的影响，以及如何预防危害。

41.《海底两万里》（部分）

儒勒·凡尔纳，法国小说家、剧作家及诗人，被誉为"现代科学幻想小说之父"。

本书描绘的是诺第留斯号潜艇在海底做环球旅行的故事。内容时而险象环生、千钧一发，时而景色绝美、令人陶醉。全书充满异国情调，如神话般色彩绚烂，体现了人类自古以来渴望上天入地、自由翱翔的梦想。其中很多幻想都以科学知识为依据，许多在当时被认为是不可思议的科学预见，如今都已经实现。

42.《金牌数独》

国际一流数独出题专家谢道台和数独谜题世锦赛国手林敏舫合著此书。

一串串数字，在数独的迷宫里，吸引了无数爱好者的目光，究其原因，大概就是那种沉浸其中，乐趣无穷，终于完成，豁然开朗的快乐吧！数独由美国建筑师格昂斯在1979年首次发表，并在日本被发扬光大，进而风靡世界各地。这是一种9~99岁的人都无法抗拒的经典数字游戏，而且在解数独的过程中，可以有效地锻炼大脑的反应能力和逻辑推理能力。

43.《百家姓》（部分）

44.《千字文》（部分）

45.《神童诗》

旧传宋代汪洙撰。后人以汪洙的部分诗为基础，再加进其他人的诗而编成。诗体皆为格律工整的五言绝句，文字浅显易懂，是少年学诗的范本。

46.《三字经》（部分）

47.《弟子规》（部分）

48.《名贤集》

《名贤集》是南宋以来流传于民间的一种通俗读物，是我国古代对儿童进行伦理道德教育的蒙学教材之一，无确切作者，但从内容看极有可能是根据名言警句以及长期流传于民间的格言、谚语编纂的，很可能是多人或几代人的共同创作。易诵易记。

49.《笠翁对韵》（部分）

50.《增广贤文》

《增广贤文》，又名《昔时贤文》《古今贤文》，是明代编写的儿童启蒙书目。清代同治年间周希陶曾进行过重订。它搜集中国的各种格言、谚语，绝大多数句子都来自经史子集、诗词曲赋、戏剧小说以及文人杂记，其思想观念来自儒释道各家经典，是雅俗共赏的"经"的普及本。人称"读了增广会说话"。

51.《声律启蒙》（部分）

52.《朱子家训》

朱柏庐，原名朱用纯，字致一，自号柏庐，明末清初江苏昆山人。潜心研究程朱理学，主张知行并进，躬行实践。

《朱子家训》，又名《朱子治家格言》《朱柏庐治家格言》，从治家的角度谈了安全、卫生、勤俭、读书、教育等诸方面的问题，核心就是要让人成为一个正大光明、知书明理、生活严谨、宽容善良、理想崇高的人，特别适合家长和孩子一起读。

第三节　五六年级书目及推荐理由

1.《我的大学》

高尔基，苏联作家，苏联文学的创始人之一。

本书是回忆性的自传体小说，1923 年完成，此时作者已 55 岁，一个投身革命且年过半百的人，用笔真切地再现少年时代的生活，笔下流出的全是记忆的精华，倔强、谦虚、率真而充满智慧，值得反复体会其中的意味。

2.《昆虫记》（部分）

法布尔，法国昆虫学家。

《昆虫记》是一部研究昆虫的科学著作，也是一部歌颂生命的宏伟乐章。作者花了一生的光阴来观察和研究虫子，并用生动幽默的语言，向我们呈现出美妙的昆虫世界。草丛里的蟋蟀是比知了厉害得多的歌唱家？萤火虫和蜗牛之间有什么样的故事？……所有答案都能在这本书里找到。《昆虫记》被誉为"昆虫的史诗"，法布尔因此获得了"昆虫学的荷马"称号。

3.《中国神话故事》

袁珂，作家，精于中国神话传说研究。

《中国古代神话》是我国第一部较系统的汉民族古代神话专著，充满神奇玄幻的色彩，情节一波三折，人物形象生动，让人能够充分享受阅读的快乐。同时，充分表现了华夏民族仁慈、博爱、大度等品质，含着人生的大智慧。

4.《父与子》（部分）

5.《最好的时光在路上》

郭子鹰，当代作家。

本书如同是一场归期未定的视觉旅行，让眼睛喜欢，让心灵欢呼。如作者所说："旅行，最终会让你遇到那个更好的自己。"

6.《诺贝尔》

刘亚超，当代作家。

诺贝尔，瑞典人，他是著名的化学家和发明家。诺贝尔从小接受家庭教师的教育，16岁时，在化学方面的天赋与才能就露出端倪。他还能流利地说英、法、德、俄等国语言……想了解了不起的诺贝尔吗？读读这本书吧！

7.《水浒传》（部分）

施耐庵，元末明初作家。

全书通过描写北宋末年以宋江为首的108位好汉在梁山聚义，以及聚义之后接受招安、四处征战的故事，反映了中国历史上宋江起义从发生、发展直至失败的全过程。《水浒传》是中国历史上较早用白话文写成的章回小说。

8.《朝花夕拾》（部分）

鲁迅，原名周樟寿，后改名周树人，字豫山，后改豫才，"鲁迅"是他1918年发表《狂人日记》时所用的笔名，也是他影响最为广泛的笔名。浙江绍兴人。中国现代文学的奠基人之一。毛泽东同志曾评价："鲁迅的方向，就是中华民族新文化的方向。"

本书是作者回忆童年生活的散文集。当中逼真地写出了三味书屋的陈腐味，说它是"全城中称为最严厉的书塾"。但作者并未将三味书屋写得死气沉沉，而是通过课间学生溜到后园嬉耍，老私塾先生在课堂上入神读书而学生乘机偷乐等小故事的叙述，使三味书屋充满了谐趣，表现了儿童不可压抑的快乐天性。

9.《假如给我三天光明》

海伦·凯勒，美国盲聋女作家。虽然她生活在黑暗而又寂寞的世界里，但她幸运地遇到了她的导师安妮·莎莉文，通过一起努力，海伦学会读书和说话，开始和其他人沟通，而且以优异的成绩毕业于美国拉德克利夫学院，成为一个学识渊博并能够掌握五种文字，影响世界的伟大女性。

本书是海伦·凯勒的散文代表作。前半部分写海伦成为盲聋人后的生活，后半部分介绍海伦的求学生涯。她以一个身残志坚的柔弱女子的视角，告诫身体健全的人们要珍惜生命，珍惜造物主赐予的一切，学会感恩。

10.《神秘的金字塔》

汉斯·埃查尔德特文，意大利作家。

五千年前，埃及人为法老建造了第一座巨大的陵墓，这就是佐赛国王的阶梯式金字塔陵寝。从此，古埃及的统治者们纷纷效仿，尼罗河西岸出现了一座又一座宏伟的金字塔。现在，游客们依然可以一睹这些庞然大物的风采。站在金字塔脚下，我们思考：金字塔的设计者是谁？金字塔是怎样建成的？法老是如何被安葬到金字塔中的？……本书——为我们揭秘。

11.《呼兰河传》

萧红，原名张乃莹，"萧红"是她发表《生死场》时使用的笔名。

这是萧红带有自传性质的小说，更是"一篇叙事诗，一幅多彩的风土画，一串凄婉的歌谣"。一年四季，这座小城的人们都在上演着不同的故事，这里有作者满满的童年回忆，最温馨的记忆还是祖父与那后花园，这是她精神生命中温暖的情愫，引发万千游子共鸣。

12.《拉贝日记》

约翰·拉贝，二战时他有个中文名字叫"艾拉培"。纳粹党南京小组代理人、南京安全区主席。在"南京大屠杀"期间组建"国际安全区"，挽救了20万中国百姓的生命。

本书是作者目击南京大屠杀时作的真实记录。1997年，《拉贝日记》出版，这部被长期尘封且具有重要价值的历史资料的首次面世，具有非同寻常的意义。被译为中、英、日、德四种语言，被公认是研究南京大屠杀事件数量最多、保存最为完整的史料之一。

13.《丛林故事》

拉迪亚德·吉卜林，1907年获得诺贝尔文学奖，成为英国第一位获此殊荣的作家。

全书由七个独立的中篇小说组成，讲述"狼孩"莫戈里和其他几种不同动物的故事。作品中塑造了机智勇敢的"狼孩"莫戈里以及憨厚的老熊巴鲁、机敏的黑豹巴格希拉、不畏艰险的白海豹柯迪克、不惧强暴的捕蛇英雄小獴里奇等诸多个性鲜明、令人难忘的形象，情节惊险曲折、引人入胜。

14.《青铜葵花》

曹文轩，北京大学教授，中国作家。2016年获"国际安徒生奖"，这是中国作家首次获此殊荣。

本书讲述没有血缘关系的两兄妹青铜与葵花的故事，曾获台湾"好书大家读"年度长篇小说类创作最佳奖、第十届全国精神文明建设"五个一工程"奖、中国作家协会第七届优秀儿童文学奖等。

15.《寄小读者》

冰心，原名谢婉莹，福建长乐人。我国著名的女作家、诗人，笔名"冰心"取自"一片冰心在玉壶"。

世界上有很多小孩，天天盼着自己长大，有一个很著名的大人却想做回小孩。她说："有一件事，是我常常用以自傲的：就是我从前曾是一个小孩子，现在还有时仍是一个小孩子。"这个大人就是冰心。冰心很喜欢孩子，为孩子们写了许多散文、诗歌和小说。上面这句话，就是她在《寄小读者》中对孩子们说的。在她的文章中，时常出现花朵、小草、清流、流星这些自然之物，就像一般人看到的一样，但是她又看到了一般人看不到的东西。

16.《冰心儿童文学新作获奖丛书》（部分）

穿过悠远的岁月，冰心奶奶已经离开我们远去，但她留下的精神遗产仍光辉不减。在儿童文学领域，她不仅以自己的创作为现代儿童文学的发展作出了里程碑式的贡献，更是留下了"冰心奖"，并特设了"冰心儿童文学新作奖"。冰心儿童文学新作奖与宋庆龄儿童文学奖、陈伯吹儿童文学奖、全国儿童文学奖并称国内四大儿童文学奖。《冰心儿童文学新作获奖丛书》秉承冰心奶奶深切的爱心和对人生中美的追求的思想，收录优美灵动的散文，意境深远，想象丰富，活泼稚趣，给读者以亲切的感受、心灵的启迪。

17.《俗世奇人》

冯骥才，作家，以写知识分子活动和天津近代历史故事见长。

本书共有18篇作品，文章运用天津话以及古典小说的白描入笔，富有故事性和传奇性。语言，朴实、地方色彩浓厚，读起来叫人如临其境，拍案叫绝。故事，以旧天津卫为生活背景，水陆码头，见证大灾大难，出现各种怪异的人物，各自拥有不一般的本领，发生在他们身上的事情匪夷所思，可确确实实是真人真事。

18.《失落的一角》

谢尔·希尔弗斯坦。20世纪伟大的绘本作家之一。

看着黑白分明而又简单利落的封面，翻开扉页，注视着显得简单且有点幼稚的线条，追随着这"失落的一角"，我们开始了真正的心灵之旅。缺失了一角而不快乐的他，要动身寻找他那失落的一角，因为缺失，他有机会欣赏美景，享受生活，从而度过一段美好的时光。寻找中，就这样一次次由希望再到失望，交替轮回，撞击着我们的自信，考验着我们的意志力，我们随着他的喜悦而高兴，随着他的失望而唏嘘。他因缺失而努力着、快乐着，却又因完美而失落，他的这一举动，勾起了我们对缺失与完美的深深思考。

19.《鲁滨孙漂流记》

丹尼尔·笛福，英国作家，被誉为"英国和欧洲小说之父"。

一次航行中他遇到了可怕的风浪，流落到了孤岛上。二十八年后，他依靠自己的智慧逃出了孤岛，他就是倒霉而又幸运的鲁滨孙·克罗索。初到孤岛的他是绝望的，他说："我整天悲痛着我这凄凉的环境，没有食物，没有房屋，没有衣服，没有武器，没有出路，没有被救的希望。眼前只有死，不是被野兽所吞，就是被野人所嚼……"但是，慢慢地，他独特的个性体现了出来，对生活充满希望，不再整天沉浸在自己设计的悲观中，开始一心一意安排自己的生活，他建了小房子，做了桌子，捕了小羊、小狗，种了小麦、稻子……就这样，他用自己的双手，创造了自己的王国。

20.《新月集》

泰戈尔，出生于印度加尔各答一个富有的贵族家庭，13岁即能创作长诗和颂歌体诗。1878年赴英国留学，1880年回国专门从事文学活动。1884至1911年担任梵社秘书，20年代创办国际大学。1913年，他以《吉檀迦利》成为第一位获得诺贝尔文学奖的亚洲人。

"他们用沙子建造房屋,他们用空贝壳游戏。""孩子,你多么快乐,整个早晨坐在尘土里,玩着一根折断的小树枝。""如果我闹着玩儿,变成一朵金香木花,长在那树的高枝上,在风中笑得摇摇摆摆,在新生嫩叶上跳舞,妈妈,你认得出是我吗?"这便是《新月集》里的孩子:可爱、迷人、好奇、富于幻想。书中不仅书写了孩子纯净的心灵,还描写了孩子和母亲的感情:"他知道慈母心中小小一角就可以容纳无穷的欢乐,被母亲逮住了紧抱在她慈爱的双臂里,远比自由甜蜜。"

21.《三国演义》(部分)

22.《简·爱》(部分)

夏洛蒂·勃朗特,英国作家。

简·爱是个孤女,出生于一个穷牧师家庭,不久父母相继去世。幼小的简·爱不得不寄养在舅父母家里。舅父里德先生去世后,简·爱过着备受歧视和虐待的生活。但各种磨难并没有让她失去对生活的热爱,她始终不断追求自由与尊严,坚持自我,最终获得幸福的故事。小说引人入胜地展示了男女主人公曲折起伏的爱情经历,歌颂了摆脱一切旧习俗和偏见,成功塑造了一个敢于反抗、敢于争取自由和平等地位的妇女形象。人们普遍认为《简·爱》是夏洛蒂·勃朗特的自传,是她"诗意的生平写照"。

23.《柳林风声》

肯尼斯·格雷厄姆,英国作家。

这是一个童话故事,文笔典雅,描写细致,富含哲理。书中塑造了几个可爱的动物形象:胆小怕事但又生性喜欢冒险的鼹鼠,热情好客、充满浪漫情趣的水鼠,侠义十足、具有领袖风范的老獾,喜欢吹牛、炫耀、追求时髦的蛤蟆,敦厚老实的水獭——他们生活在河岸或大森林里，有乐同享，有难同当。细细品读，似是作者把我们带到他的家乡——英国泰晤士河岸边，让我们感受到不一样的温暖。

24.《赵丽宏散文精选》（部分）

赵丽宏，散文家，诗人。

"假如，人能够不吃饭而照样活着该有多好，那大概可以省去很多很多的痛苦和烦恼。""要是能发明一种药，吞下一片，便永远再不会尝到饥饿的滋味，并且可以精神饱满地做自己想做事情……要是有这种可能，我愿意抛下一切，耗尽所有的心血，去寻找这种药……"这是赵丽宏写的19岁的一段经历。这种超越饥饿的想象充满着一种情趣，一种超脱，一种向往，一种启迪，一种善意，让我们深受感染。

25.《古代诗书与圣贤者故事》

本书精选我国历史上的名人故事，可以深切感受名人们跋涉的艰辛，真切感悟：面对名人，那么多的诀窍可以学、那么多的经验可以借鉴。

26.《巴黎圣母院》

雨果，法国作家，被认为是浪漫主义运动的领袖。

翻开《巴黎圣母院》，我们仿佛走进了一个梦幻般宏伟的时代，这里圣洁的教堂和龌龊的乞丐街并存，位高权重的主教和招摇过街的丑八怪之王并存，惊人的美丽和恐怖的丑陋并存。丑陋的外表下，却可能藏着一颗火热纯真的心灵；英俊美丽的面容下，也可能深埋了龌龊可耻、卑鄙扭曲的心。作者笔下源源不断流出的，不仅仅是一个摇摇欲坠的王朝，不仅仅是一位坚强而多难的女子，不仅仅是爱与恨的交织，更是人性中美与丑不朽的碰撞。

27.《我的妈妈是精灵》

陈丹燕，著有《女中学生三部曲》《独生子女宣言》等。

故事讲述一个小女孩在一个很偶然的机会发现她的妈妈是来自另一个世界的精灵，而精灵与人总是有些不同的，小女孩想帮助爸爸妈妈不离婚，最终没有成功，作为精灵的妈妈还是离开了这个世界，飞到了属于她的地方。本书入选小学生基础阅读书目，是值得推荐的一本优秀母语原创作品。

28.《银色大地的传说》

查尔斯·芬格，美国作家。

本书既是一部优美的旅行散记，又是一部生动的民间故事集，由十九个独立成篇的古老传说组成。作者娓娓讲述着自己独特而丰富的旅行经历，书写着那些遗落在深山密林中鲜为人知的奇闻轶事。全书采用移步换景手法，带领小读者感受别具一格的拉美风情，尽情遨游南美大陆。通过描写人类与巨人、怪兽、女巫等超自然力量的斗争，表现了惩恶扬善、天人和谐的主题思想。本书荣获美国纽伯瑞儿童文学金奖。

29.《菲斯的秘密》

简·弗朗西丝·夏伯丝，法国小说作家。

十二岁的男孩米奇，听闻已经八十多岁的菲斯（母亲的祖母）来自己家生活，还要和自己同住后，很不情愿。菲斯到来后，米奇发现了菲斯的秘密——足足有四大本日记。在好奇心的驱使下，米奇开始偷看菲斯的日记，并通过日记了解到菲斯不一样的生活经历。随着在一起的日子越来越长，随着对菲斯了解深入，米奇渐渐喜欢上这个坚强、勇敢而又有智慧的外曾祖母，两人建立起深厚的感情。

30.《七号梦工厂》

大卫·威斯纳，美国插画家。其作品《疯狂星期二》《三只小猪》《海底来的秘密》获凯迪克金奖。

一个小男孩在美国的帝国大厦上与一朵小白云偶遇，小男孩坐在云上，穿过云山雾海，忽然发现一座天空之城，城上插满了巨大的喇叭，有无数朵白云从里面飘出来。原来这里是神秘的7号梦工厂……小男孩意外地为自己开启了一段惊奇的旅程。

31.《汤姆大叔的小屋》

哈丽叶特·比切·斯托，美国作家。站在"废奴"的一边，为解放黑奴而呼吁。

这部小说倡导"废奴"，在发表的头一年里，在美国本土便销售了三十万册，对美国社会的影响巨大，以致在南北战争爆发的初期，林肯接见斯托夫人时，曾说："你就是那位引发了一场大战的小妇人。"

32.《荷花镇的早市》

周翔，有多部作品获小松树奖。

故事的主人公是一个来自城里的小男孩阳阳。这天，他跟随爸爸妈妈回水乡给亲爱的奶奶祝寿。清晨，他跟着姑姑到水乡集市去买东西。路上，他听到了什么？看到了什么？又想到了什么？让我们一起跟随阳阳走进荷花镇，逛一逛荷花镇的早市。

33.《杜立德医生》

罗弗庭，美国作家。

医生兼自然学家杜立德能和各种动物说话，深深喜爱动物，并且愿意为它们奉献自己所有的力量。再加上他对自然、历史、科学永无止境的探索，从而引发出了一连串妙趣横生、上山下海的冒险故事。

34.《上下五千年》

林汉达编。

本书讲述中国的历史，上至三皇五帝，下至辛亥革命，是一本集中国发展史、重大历史事件及名人简介于一身的优秀历史读物。作者善于组织剪裁，语言通俗易懂，值得阅读。

35.《天方夜谭》（部分）

《天方夜谭》，又名《一千零一夜》，是古代阿拉伯民间故事集，在西方被称为《阿拉伯之夜》，编者已难以考证。

国王山鲁亚尔生性残暴嫉妒，因王后行为不端，将其杀死，此后每日娶一少女，翌日清晨即杀掉，以示报复。宰相的女儿山鲁佐德为拯救无辜的女子，自愿嫁给国王，用讲述故事的方法吸引国王，每夜讲到最精彩处，天刚好亮了，国王不忍心杀她，允许她下一夜继续讲。她的故事一直讲了一千零一夜，国王终于被感动，与她白首偕老。因其内容丰富，规模宏大，故被高尔基誉为世界民间文学史上"最壮丽的一座纪念碑"。

36.《草房子》（部分）

37.《少年军事百科通》

刘名扬著。

这是一本面向青少年读者的综合性少年军事百科全书，内容全面、新颖，表述简明、通俗。它不仅适用于少年儿童学习军事知识，还有助于我们改善知识结构，提高军事、政治认识。

38.《市场街最后一站》

克里斯蒂安·鲁滨孙，美国插画家。

小杰是个好奇的孩子，爱提问题。每个问题，奶奶都给他一个富有启发的回答。奶奶用智慧引导小杰，让他拥有一双发现美好的眼睛，让他用心感受人与人之间的温暖。奶奶一句句启迪人心的温暖话语，轻轻抚慰了孩子心里的不平，指引孩子看见生活中的美好……

39.《西游记》（部分）

40.《史记故事》

司马迁，字子长，夏阳（今陕西韩城南）人。西汉史学家、散文家。被后世尊称为史迁、太史公。

《史记》记载了从黄帝到汉武帝太初年间三千多年的历史，是中国历史上第一部纪传体通史，规模巨大，体系完备，文字生动，叙事精彩。本书精选《史记》中的故事，加以改写而成。

41.《城南旧事》

林海音，原名林含音，作家。

本书描写20世纪20年代末北京城南一座四合院里一家普通人的生活，通过英子童稚的眼睛，来看当时北京形形色色的人和事。书中的人物最后都离小英子而去，表达了告别童年的悲伤和怀念的情感。向世人展现了大人世界的悲欢离合，有种说不出的天真，却又道尽人世复杂。看似狭小空间的描写，却反映了当时北京的历史面貌，有极强的社会意义。

42.《森林报》

维·比安基，苏联作家。

《森林报》用轻快的笔调、报刊的形式，按春、夏、秋、冬四季十二个月，有层次、有类别地报道着森林中的新闻，森林里随处都有惊喜和感动，动植物一个个都具有鲜活的生命，他们担负着繁衍后代的神圣使命，既能面对残酷的现实，又不忘享受生命的快乐。

43.《大侦探小卡莱》

阿斯特丽德·林格伦，瑞典的民族英雄，94岁高龄的童话外婆。曾经获得瑞典国家文学奖及国际安徒生奖等多项文学大奖。

"血！此事千真万确！他用放大镜看着那滴红色的血迹，随后他把烟斗移到嘴的另一边，吸了口气。当然是血，刀子刺了大拇指不是经常要流血吗？这滴红色的血迹本来应该是亨利先生光天化日之下杀妻害命的铁证，是一位资深小侦探经历过的各种谋杀案中手段最残忍的一例。但是很可惜——不是那么回事！血是他削铅笔时一不小心被铅笔刀刺了手指流出来的，太让人扫兴，跟亨利先生没关系。再说亨利先生这个笨蛋根本不存在。"这些是业余侦探小卡莱的幻想。他是一个一心想当侦探的孩子，从侦探小说里还真学到了不少侦探的常识，时刻留神周围有没有可疑的事，幻想着有一天成为一个真正的侦探。

44.《写给孩子的哲学启蒙书》

米歇尔·毕奇和碧姬·拉贝，法国人。

"我们死去，是因为我们活着！所有的人都渴望得到众神的帮助！对自己诚实，并不容易！打败一切幸福的小小敌人！所有的生命都具有一种价值，只是其价值有所不同！想使自己痛苦是很容易的！在世界上所有的文化中，人们都谈到神！弄明白是对还是错，这才合乎人性！我们都有权利痛苦！有的时候，我们的自由妨碍了别人的自由！……"一个个简单有趣的故事，给我们阐释了梦想与现实、快乐与悲伤、专制与自由等重要的哲学命题。浅显的故事，深刻的哲理，开放的结论，带领孩子们进行自由的思考。

45.《听爸爸讲宇宙故事》

池内了，日本人。

对宇宙的认识，可以追溯到远古时代。在中国有夸父追日的传说，在西方有上帝造人的传说，可这些只是美丽的传说，无从考究。宇宙究竟是怎样产生的呢？又将去向何方？恒星和星系又是怎样诞生的呢？没有人知道其中究竟隐藏着多么巨大的秘密。本书讲述150亿年的宇宙历史，言简意赅，图文并茂，带我们探索奥妙的星空。

46.《根鸟》

曹文轩，当代作家。

一个少女到悬崖上采花，掉进了峡谷。她出现在一个叫根鸟的少年的梦里。根鸟出发了，一飞冲天，去寻找自己的梦。荒漠、草原、大山、村落、峡谷、小镇……一个个场景奇异而玄妙，一次次经历惊险而又刺激，根鸟成长在现实与梦幻之间，他决定以梦为马，度过他的成长阶段。恍惚、迷乱、摇摆、清醒、执著、一往无前，他在痛苦中品尝着快乐。这是一部少年的成长史，也是每个少年的心灵史；是讲给每个少年人听的成长故事，也是唱给每个少年人听的成长心曲；是一部具有浓厚浪漫色彩的小说，让人在梦幻中游走，在真实中体验人性。

47.《西顿动物故事集》

欧·汤·西顿，英国作家。

狼王老暴一向足智多谋，但因为自己的伴侣死去，他不想逃往异乡。爱犬——宾狗机智敏感，是令人钦佩的良种。在作者被自己设下的捕狼机夹住，差点儿死于狼腹之中时，宾狗舍身救了他，自己却中毒死去。作者采用第三人称叙述视角，展示动物心理时，强调的是仇恨、寂寞、痛苦这些基本的感情，抓住动物生存斗争这个关键，突出动物的个性。

48.《青少年军事博览——开国元勋》

南昌起义揭开了中国共产党独立领导武装斗争和创建人民革命军队的序幕。自那时起，在滚滚的革命洪流里，在烈烈的战火硝烟中，涌现出了多位文韬武略、运筹帷幄的将领，他们指挥和领导人民军队进行了艰苦卓绝的革命斗争，使其从无到有、从小到大、从弱到强，不断发展壮大，不断从一个胜利走向另一个胜利，为民族独立和人民解放，为国家富强和人民幸福，建立了彪炳史册的卓著功勋。作者以中国革命的大背景为依托，选取先辈革命活动中重大的、有代表性的历史时段，按照时间的先后顺序铺开，追溯他们的历史。

49.《想念梅姨》

辛西娅·赖伦特，美国作家。

"梅姨去世的那天，欧伯回到拖车里，脱下他那套好西服，换上他平时穿的衣裳，接着便去坐在那辆雪维里，度过了整整一晚余下的时间。"这便是小说《想念梅姨》的开局，因为梅姨已然走了，告别她所深爱的这个世界和曾经拥有的一切，所以徒留生者在悲戚中想念去者，在生死相思中获得最后的慰藉，一切，就如昨日清晰发生过。梅姨生前没有曼妙的身材和闭月羞花之貌，只是一位极为普通的妇女，也没有殷实的财富，是欧伯的糟糠之妻，她和欧伯是小夏的养父母，他们给了小夏生活的一切，包括爱在内的丰富感情世界。

50.《希腊神话故事》

《希腊神话故事》里有"斯芬克斯之谜"，谜底是"人"。神性和人性交融的希腊神话使我们更深刻地理解人和人生，为读者敞开了一扇观察和认识古希腊乃至欧洲文化的窗口。它成为希腊乃至欧洲一切文学和艺术活动的基本素材。它从传说进入歌咏，从歌咏进入故事，从故事进入戏剧，最后进入通行全希腊的史诗，而且还在罗马文化中生根落户。从此以后，它为自身寻得了进入拉丁文和古德语的渠道，成为全欧洲的文化宝藏。欧美的戏剧、诗歌和其他的文化活动都在希腊神话中汲取新的营养，成为文艺再创造的重要源泉。

51.《科学改变人类的一百个瞬间》

路甬祥著。

20世纪是科学技术突飞猛进的世纪。飞机的发明，第一枚火箭的升空，门德尔遗传规律的再发现，青霉素的发明，第一台电子计算机的诞生，第一只半导体三极管的发明，集成电路的出现，原子弹和氢弹的研制成功，第一座原子能反应堆的建成，激光的发现，电脑的发明，互联网的出现，"多利"克隆羊的诞生……科学技术的日新月异，改变了人们的生产方式、生活方式，也改变了人类对客观世界的认识。科学技术成为第一生产力，成为人类文明进步的基础和动力，使人们渐渐建立了一条与自然协调，有利于子孙后代生存的可持续发展道路。

52.《伐木者醒来》

徐刚著。

环境和生态问题事关人类的生存大计。弘扬绿色意识，倡导绿色观念，确立绿色伦理，是我们面临的迫切而又艰巨的文化工程，中国的绿色事业任重而道远。本书以大量的数据、资料和事实，让人触目惊心，以痛苦激愤的心情，报告国内很多地方大肆砍伐森林，造成生态失衡、水土流失、灾害加剧的现状，并以其对生命和自然的深刻体悟，对美丽荒野的细致描绘，对家园毁损和生存危机的忧患意识，对现代生活观念的历史性反思，为读者展开一个绿色的视野。

53.《名侦探柯南》

青山刚昌，日本漫画家。

江户川柯南，17岁，被称为"日本警察的救世主""平成年代的福尔摩斯"。在一次破案时他被灌下毒药，身体意外回到发育期的孩童状态。考虑到如果黑衣人知道他还活着，必将牵连周围的亲朋好友，于是化名为"江户川柯南"，寄住在女友毛利兰的家中，想借助其担任侦探的父亲毛利小五郎的力量来寻找黑衣人。不料小五郎不但对其没有帮助，还是个冒失的糊涂侦探。所以发生案件后，柯南就用阿笠博士发明的手表型麻醉枪让毛利小五郎睡着，接着用蝴蝶结变声器模仿他的声音来进行推理，解决了许多案件，同时结交了许多伙伴，并且一直寻找着黑衣组织的人的下落，希望有朝一日将其绳之以法，并变回原来的样子。

54.《小学生必背古诗词100首》（部分）

第四节　七年级书目及推荐理由

1.《朝花夕拾》（部分）

2.《我的遥远的清平湾》

史铁生，生于北京，当代作家。自嘲："职业是生病，业余在写作。"

史铁生，这个将自己的生命和写作真正融于一体的作家，以自己深刻而独到的笔触和见解，写出了一部部温暖人心，打动人心，慰藉人性的作品。他的作品，如同他深沉的思索，有着独特的魅力。《我的遥远的清平湾》就不失为这样的一部。遥远的清平湾，读了令人感到，清平湾并不遥远，它就在作者的心里，在读者的眼前。那一道道的黄土高坡，那一群群慢慢行进的牛群，那一孔孔窑洞中住着的娃娃，那整天唱个不停的破老汉，都让人觉得那么亲近，甚至嗅到了那里的黄土味。小说以抒情散文的笔法，为读者展示了陕北人民朴实、忠厚、积极、乐观的性格，以激发人们认真地思考人生，思考社会。

3.《张晓风散文选》

张晓风，1941 年生，江苏铜山人，生于浙江金华。以散文成名，1977 其作品被列入《台湾十大散文家选集》。余光中曾称其文字"柔婉中带刚劲"，将之列为"第三代散文家中的名家"。又有人称其文"笔如太阳之热，霜雪之贞，篇篇有寒梅之香，字字若璎珞敲冰"。

读张晓风的散文，仿佛放舟于岁月长河，溯洄从之，溯游从之，追随着一路看来，千回百转，也被那百年烟波水汽湿了一身。张晓风的文章里始终读得出她的良苦用心，唠叨琐碎、自恋自艾，她是看不上的，更别说撒娇作态，即使偶尔忍不住写写柴米油盐丈夫孩子，也是语不惊人死不休的架势。她写风衣，那风，翻阅过唐宗宋祖，"而你着一袭风衣，走在千古的风里"。她写酿酒的理由："如果孔子是待沽的玉，则我便是那待斟的酒，以一生的时间去酝酿自己的浓度，所等待的只是那一刹那的倾注。"这样的文字比比皆是。张晓风的文章字里行间有一种江湖侠客的气度。

4.《白洋淀纪事》

孙犁，河北安平人，原名孙树勋。战斗和笔耕，一身而二任，冀中家乡那块土地上培育了他的坚韧。他把青春年华和才情，全部献给了他曾经战斗过的晋察冀根据地的父老乡亲们。人民的革命事业胜利了，孙犁的"生活之树"上也结出了沉甸甸的果实，这就是《白洋淀纪事》。

《白洋淀纪事》收集了孙犁从1939年到1950年所写的大部分短篇小说、散文、特写，是讲述千千万万小人物英勇事迹的一本书。这里，有人民热切招待负伤的八路军时的嘘寒问暖，也有游击队员冲锋时嘹亮的军号；有人民被地主土豪欺压时的哀号，也有胜利时快乐的欢呼；有批斗乡绅土豪时愤怒的叫喊，也有面对落后分子认真的开导。一开始，没有人想到描述父老乡亲，也没有人想到要去记载他们，他们过着世外桃源般的生活，怡然自得，与世无争。但是，到了山河残破，烽烟四起的时候，每个人都拿起了武器，每个人都成了战士。请记住他们，这些给了我们新生活的前辈！

5.《沈石溪动物小说选》

沈石溪，儿童文学作家，被誉为"动物小说大王"。多篇作品被选入中小学教材。

沈石溪所著动物小说将故事性、趣味性和知识性融为一体，充满哲理，风格独特，深受青少年读者的喜爱。这本书描写了动物世界的真挚情感。《天命》中，母鹰为了种族舍弃生子；《象塚》中，母象为了种族在儿子与自己心爱的"人"之间做出艰难选择；《仇恨》中，水秧儿宁可让爸爸伤心也不愿背叛狼獾；《猎狐》中，戈文亮被可爱的小狐打动，连自己的名声也不顾；《剽牛》中，老牛为了孩子过好生活，不惜献出生命；《兵猴》中，大白牙为了猴群的安危而献出生命……通过对动物的描写，歌颂了母爱、父爱、夫妻情、养育恩、朋友情谊，间接反映了人类社会的悲欢离合、喜怒哀乐、丑陋和美丽、高尚和卑贱……使人懂得了什么是真善美，什么是应该珍惜的，什么是应该坚持的。

6.《西游记》（部分）

7.《人类的群星闪耀时》

斯蒂芬·茨威格，奥地利著名小说家，传记作家。

这本书记录了十二个决定人类历史的瞬间，从不同的时代和不同的地点回顾那些星光灿烂的时刻、崇高而难忘的时刻。这是不一样的历史，也是对天才的礼赞。正如他所言，历史上天才辈出的时刻，往往是可遇而不可求的。伟人之所以伟大，并不仅仅因为在他们短暂的一生中取得了如何轰轰烈烈的成就，更在于他们所具有的那种超凡的毅力与强大而崇高的精神力量。回顾每一个人类群星闪耀的时刻，感受英雄不朽的灵魂，让英雄的故事顺着那奔腾汹涌的江流一代又一代地传递下去，直到历史创造出属于又一个时代的真正英雄。这或许就是茨威格想给全人类所表达的一种诚挚而热切的嘱托吧！

8.《骆驼祥子》

人民艺术家——老舍，原名舒庆春，字舍予，1899年生于北京。"五四"时期开始新文学创作。

这本书给读者展示了黑暗社会里一个善良、淳朴、老实的人力车夫祥子的故事。祥子的理想很简单——有一辆属于自己的人力车。于是，他每天省吃俭用、起早贪黑，经过三年的辛苦劳作终于买了一辆车，可是很快被大兵抢走了；后来好不容易凑够了买车的钱，又被孙侦探给敲诈走了；再后来，他的妻子虎妞用自己的积蓄买了车给他，但虎妞难产死了，为了安葬她，祥子又卖了车，一波三折，到头来一无所有。小说中的祥子就是那个时代"市民化"小人物的缩影。那些小人物中，有的因战乱导致家人离散而不得不彼此相依为命，有的不堪家庭重负而自甘堕落，有的为养活兄弟而出卖肉体。社会底层的劳苦大众的悲剧是整个时代的悲剧，身处其中的每一分子到头来都逃脱不了像祥子一样悲惨的命运，除非他们认清楚自己的现状，联合起来推翻那吃人的社会与制度。

9.《少年维特之烦恼》

歌德，德国诗人，欧洲启蒙运动后期作家。他生于法兰克福镇的一个富裕市民家庭，曾先后在莱比锡大学和斯特拉斯堡大学学法律，也曾短时期当过律师，但主要志趣在文学创作方面。代表作有《少年维特之烦恼》《浮士德》等。

这本书在过去曾引发了"维特热"，许多人为维特热血的青春、至死不渝的爱而感动。维特，一个清秀而瘦弱、敏感而矛盾的少年。面对这个世界，他纯净犹如清水一泓，他第一次见到绿蒂时，便难以压抑内心的兴奋与爱慕。他爱她，爱到无法自拔。他爱她，爱到义无反顾。他太过感性，以至于无视阿尔伯特理智冷静的劝告，在矛盾中痛苦挣扎。最后，悲剧发生了。他没有得到他心爱的人，于是疯狂地将自己的青春、理想以及最宝贵的生命毁于一旦。他扳动了手枪，结束了自己的生命，也结束了自己的烦恼。青春是通往幸福路上的成长阶段，这段日子里，我们要学会的不是用过激的手段结束令人烦恼的生活，而是背负重重的行囊，风雨兼程，摸索着向前，寻找属于自己的幸福曙光。

10.《中国当代名家散文选》（部分）

所选作品均系经典之作。有的字字珠玑，给人以语言之美；有的博大深沉，给人以思想之美；有的感人肺腑，给人以情感之美；有的立意隽永，给人以意境之美。这些经历了时间考验的作品，不仅丰富了世界文学宝库，还感染和影响了成千上万的人，叩击着一代又一代人的心灵。"读一部好书，就是和许多高尚的人谈话"，读名家名作就是和大师的心灵在晤谈，可以在轻松愉快的氛围中，开阔文学视野，提高审美意识，触动写作灵感，陶冶思想情操，提升人生品位，徜徉经典，收获无限。

11.《吾国与吾民》

林语堂，福建龙溪人。原名和乐，后改语堂。提倡"以自我为中心，以闲适为格调"的小品文。代表作有文化著作《吾国与吾民》《京华烟云》等。

这是一本很有"诱惑力"的书，很容易从中找出中国南北方差异的描述，也可以找到中国历史演进的普遍"规律"；大众群体的一些无意识的言行也会被谈及，并拿来与西方相比较；人性的差异，理念的不同，理想的追求，等等，不一而足，使当下的我们大开眼界。读林语堂的文字总是很享受的，不管是他选取的材料还是他写作的笔调，都有着自己深刻的个人印记。林语堂就是这样一位独特的作家，他尝试在海外探讨故土，探讨故土的国民，试图通过自己的"苦思苦读""自我省察""发表自己的意见",话题轻松但不失庄严,戏谑严厉但不缺诚恳,头绪繁杂但主次分明,因此受到很多普通读者的欢迎。

12.《国学常识》

曹伯韩,湖南长沙人,语言学家。著有6部语言学专著及20余部历史、地理、国际关系、青年修养等社会科学方面的通俗读物。其中,《国学常识》《民主浅说》《通俗社会科学二十讲》等文化普及读本产生过较大影响。

这本书分《小学常识》《音韵常识》《经学常识》《理学常识》《史学常识》《子学常识》《文学常识》《诗学常识》《词学常识》《说部常识》十个部分,详细叙述了国学的原委,研究的方法,原原本本,要言不烦。读者可以凭借此书了解中国传统文化的博大精深,形成对于国学的较为完整的概念。

13.《时间奥秘》

《时间奥秘》回答了"什么是时间""为什么各地使用不同的时间""准确的时间是从哪里来的"等与时间科学密切相关的一系列问题,并附有世界各时区的标准时间与北京时间对照表、世界87个城市标准时间对照表和中国主要城市经纬度表。图文并茂,语言生动,适合中小学生以及对时间科学感兴趣的读者阅读,能帮助读者深入了解授时与计时等时间基础知识以及与时间相关的自然现象。

14.《中华五千年史话》

郭伯南,1933生,笔名史石、知春斋主。著有《中国历史》《新编中国史话》《中华五千年史话》《彩图版中华文明史》《彩图版上下一万年》等。刘福元,著有《古代诗词常识》等著作。

本书采用话题体的形式叙说从"人文初祖"到"鸦片战争"以

前的中华上下五千年的历史，分为58大话题，约240个小话题，均为读者特别关注的历史话题。在写法上，既提纲挈领，简明扼要，又具体而微，生动有趣，给人一种新鲜感。为了增加作者叙说历史的生动性和读者阅读上的轻松感，在文中插配多幅珍贵精美的图片，图文辉映，在轻松有趣的阅读中洞悉中国深广博大的历史。

15.《天方夜谭》（部分）

16.《海底两万里》（部分）

17.《孔子传》

鲍鹏山，教授、学者、专栏作家，安徽六安人。作品有《中国人的心灵：三千年理智与情感》《鲍鹏山新说〈水浒〉》《孔子是怎样炼成的》《〈论语〉导读》等。

要了解一个人和他的思想，最快捷的方式莫过于阅读他的传记。《孔子传》正是针对一些人对孔子存在的普遍误解，提出了"与其误会，不如重读"的主张，以孔子的"吾十有五而志于学，三十而立，四十而不惑，五十而知天命，六十而耳顺，七十而从心所欲不逾矩"为纲，博采《史记》《左传》《春秋》等史料，特别借助《论语》，以及孔子思想中的一些重要概念的解释，对孔子奇迹般的身世、生平、思想、人格作了一个全面而立体的介绍。这本书在阐发孔子思想对于现代意义的同时，力求告诉读者，思想的更大价值，在于判断是非。

18.《从一到无穷大：科学中的事实与臆测》

乔治·伽莫夫，世界著名物理学家和天文学家，科普界一代宗师。多部作品风靡全球，《从一到无穷大：科学中的事实与臆测》是他最著名的代表作。由于在普及科学知识方面所做出的杰出贡献，1956年他荣获联合国教科文组织颁发的"卡林加奖"。

《从一到无穷大：科学中的事实与臆测》是一本属于"通才教育"的科普书，内容涉及自然科学的方方面面。作者以一个个故事打头和串联，把数学、物理乃至生物学的许多内容有机融合在一起，将一些最重大或者最有用的理科知识甚至技巧信手拈来，让人在妙趣横生、恍然大悟以及莞尔一笑中意犹未尽地概览了自然科学的基本成就和前沿进展。

19.《超越梦想：激励你一生的名人励志故事》

用心灵去感悟月的朦胧、星的灿烂、花的嫣然、泪的晶莹、叶的飘逸，还有生命的沧桑和美丽。书海茫茫，孤舟独荡，任意东西，实为快哉。开启扉页，缕缕的墨香如醇醇杨柳风，让心花悄然绽放，散发出无数感悟的诗行。随着一页页翻过，书的妙味连同它的芳香会浸入肌肤，情绪在意境中飘遥、远航……篇篇文章，淡若菊香，沁人心脾，回味悠长。每篇文章都由"文章导读""优美英文""精彩译文""热词空间""心灵小语"五个部分组成，相信在提高英语阅读能力的同时，您的心灵将得到一次净化。

20.《射雕英雄传》

金庸，原名查良镛，1924年生于浙江省海宁县。1959年创办香港《明报》，任主编兼社长历35年。主要作品有《书剑恩仇录》《射雕英雄传》《神雕侠侣》《雪山飞狐》《倚天屠龙记》《天龙八部》《笑傲江湖》《鹿鼎记》等。

为国为民最重要的外在表现就是仁爱，乃至杀身成仁。一个侠士把自己的武功和仁爱高度结合到一起时，才真正完成"大侠"的升华。郭靖正是符合这一审美趣向的儒之侠的典型代表。他以天下兴亡、保护万民安乐为己任，忠于国家，爱护百姓，宁可自身犯险也要保全百姓的生命安全。为抵抗蒙古的侵略，协助宋军驻守襄阳数十年，直到最后城破，以身殉国。《射雕英雄传》在一定程度上反映了暴政下的平民的痛苦生活，鞭挞了贪官酷吏卖国贼的横征暴敛，讴歌了"富贵不能淫，贫贱不能移，威武不能屈"的民族气节。小说的开头与结尾充满了一种"乱世之苦难"及"英雄之真义"的历史真实感及其深刻的思想性，爱民之心、丧国之耻、乱世之痛、英雄之思充斥着整部小说。

21.《林肯传》

戴尔·卡耐基，美国著名人际关系学大师，美国现代成人教育之父，西方现代人际关系教育的奠基人，被誉为"20世纪最伟大的人生导师"。他撰写的《语言的突破》《林肯传》《人性的弱点》《美好的人生》《伟大的人物》《人性的优点》《快乐的人生》等七部著作，至今在全球畅销不衰。

林肯是美国第16任总统，著名的演说家、律师。这位"伟大的解放者"领导了针对南方奴隶制度的南北战争，颁布了《解放黑人奴隶宣言》，维护了联邦的统一，为美国在19世纪末跃居世界头号工业强国开辟了道路。本书是成功学大师戴尔·卡耐基的扛鼎之作，也是他一生中撰写的唯一传记。作者以其感人至深的笔触，生动再现了一个内心忧郁、富于理想、愈挫愈勇、满怀仁慈之心的林肯形象。林肯的从政之路充满坎坷和失败，但追求平等的政治理想一直支撑着他屡败屡战，直至最终入主白宫。这位平民总统富于传奇色彩的一生，相信会让每一位读者唏嘘不已。

22.《湘行散记》

沈从文，现代作家、历史文物研究家。原名沈岳焕，笔名小兵、懋琳、休芸芸等。湖南凤凰（今属湘西土家族苗族自治州）人。苗族。作品主要有：中篇小说《边城》，长篇小说《长河》，散文集《湘行散记》《湘西》等。

《湘行散记》和《湘西》可以同小说《边城》和《长河》作互文理解，它们都是作者两次重返湘西所得。迥异于小说"牧歌氛围""乐观超越"，散文饱含沉甸甸的责任意识，面对一种特殊的历史场域，追溯神性生命的始终，透过表层的血与泪，体验一份人生的庄严，统摄到作者巨大悲悯情感下的书写与反省，是将尖锐的民族问题与社会矛盾，融汇在人事的叙述中。

23.《三位大师》

斯蒂芬·茨威格，奥地利小说家、诗人、剧作家和传记作家。

这本书由19世纪3位杰出的文学大师巴尔扎克、狄更斯和陀思妥耶夫斯基的传论组成。巴尔扎克生于拿破仑崛起的时代，尽管他并未投身这支东征西讨的大军，然而拿破仑横绝一世、君临天下的气概已深深注入他的灵魂。狄更斯生活的时代，英国早已失去伊丽莎白女王统治下莎翁所感受到的强盛与活力，甚至曾经令拜伦、雪莱热血沸腾的理想主义也已失去往日的光辉，时代已不需要冒险，时代已龟缩到一个个平静、安逸的角落，狄更斯便充当了维多利亚时代市民阶层的代言人：大家读点滑稽故事、做点游戏解闷就行，英国小人物的谦逊朴实的生活在狄更斯笔下获得了如下午茶般的温吞诗意，并再一次成为欢快、惬意的宇宙。陀思妥耶夫斯基则是俄罗斯乃至整个西方文学界心灵描写的大师，作家独一无二的创造性，便是他那精妙的笔触能深入人类神经的每一处细枝末节，仇恨、爱情、欲念、虚荣、骄傲、谦卑、敬畏等情感中包含了无数的混杂物及中间状态，这些情感看似矛盾、对立，实则相通并随时可能相互转化，通过陀思妥耶夫斯基的眼睛，我们再也看不到人类神圣、单纯的灵魂世界了。

24.《红岩》

罗广斌，四川成都人。杨益言，四川武胜人。

《红岩》这一小说，是中国共产党人精神品质最高度的概括。红岩精神，是革命先烈坚持真理、改造社会的人生伟大实践，是革命先辈为国家、为人民无私奉献的真实写照，是我们改革开放发展建设过程中不可缺少的精神支柱。《红岩》小说中的很多素材都是取自真人真事。我们不能否认，艺术的东西有些可能要比生活的真实完美，但当真实地接触白公馆、渣滓洞革命先烈斗争史实材料时，不能不承认没有夸大的真实很多时候要比加工过的艺术更具冲击力。

25.《NBA光荣之路》

梁猛，网名何足道哉，国内专业的篮球门户网站总编，新浪、搜狐特约篮球评论员，《扬子体育报》《篮球俱乐部》特约撰稿人，其文笔华丽优雅、博古论今，深受网友追捧，被评为"篮球界的余秋雨"。

这本书从竞技的角度让中国球迷全面、系统而又饶有兴味地了解NBA这一全世界最高水平的篮球联赛的发展历程，同时将完全西方式的NBA巨人和它的历史，用中文进行一次全面的本土化演绎。这本书对正在发展中的中国篮球运动可以起到参考和借鉴作用，尤其是在俱乐部的建设以及青少年篮球人才的培养方面可以得到很多启迪。

26.《纳尔齐斯与歌尔德蒙》

赫尔曼·黑塞，原籍德国，1923年入瑞士籍，以后长期在瑞士隐居乡间。他被称为德国浪漫派最后一位骑士，其代表作《荒原狼》（1927）曾轰动欧美，被托马斯·曼誉为德国的《尤利西斯》。1946年，"由于他的富于灵感的作品具有遒劲的气势和洞察力，也为崇高的人道主义理想和高尚风格提供了一个范例"，获诺贝尔文学奖。

第一次接触黑塞的作品，觉得他是一个幻想家，是一个浪漫主义者，他的文字给人的是一个别样的不真实的世界，歌尔德蒙是现实中的很多人渴望而又做不到的一种。教育元素就是纳尔齐斯对歌尔德蒙的爱。纳尔齐斯洞悉了歌尔德蒙本性，并引导了他，让他去选择内心真正向往的生活。在黑塞的世界里存在着这样的一个纳尔齐斯，若现实中的老师能有这种神力，该有多好啊！

27.《麦田里的守望者》

塞林格，生于美国纽约。十五岁的时候，被父母送到宾夕法尼亚州一个军事学校里住读，据说《麦田里的守望者》中关于寄宿学校的描写，很大部分是以那所学校为背景的。

这部小说的艺术魅力在于作者把重心放在对人物心理的深度剖析上，他以细腻而探析的笔法，细致入微地刻画了主人公霍尔顿的矛盾心态，描绘出霍尔顿复杂的精神病态。霍尔顿这个对虚伪的周围环境深恶痛绝的少年形象竟然被千万读者看成是迷人的新英雄，文中的崇尚自由的亲切语言受到热烈欢迎。并且这本小说反映了二战后美国青少年矛盾混乱的人生观和道德观，代表了当时相当一部分人的思想和处境。主人公霍尔顿那种没有清楚目的的反抗，是当时学生和青少年的典型病症。《麦田里的守望者》发表后，大中学学生争相阅读，家长和教师也视小说为"必读教材"，把它当作理解当代青少年的钥匙。

28.《棋王》

阿城，当代作家，原名钟阿城，1949年生于北京，"寻根文学"的代表人物。

一个时代，一种世道，总是猝不及防地就来到眼下，躲也躲不过去。一种人看似抗争，实则在忍受；一种人看似忍受，实则在抗争。"棋王"一生痴迷于棋，被人称为"棋呆子"，殊不知，这种在外人眼里的"痴"与"呆",正是他在狂魔时代里的自我救赎。唯有内心的静如止水,外物才能方寸不乱。对,正像张岱在《湖心亭看雪》里写的:"莫说相公痴,更有痴似相公者。"

29.《科学也疯狂》

艾德·里吉斯,美国作家。

你想到太空去旅行、定居吗?你听说过把身患不治之症的病人活着就冷冻起来,过若干年后用先进的医学治愈,使其起死回生的事吗?你想象过由计算机复制人的思维、情感,存入软盘后抛弃原有的肉身,成为可复制的智能机器人吗?也许你觉得以上种种是"奇谈怪论""耸人听闻",但这正是美国科学界的一批崭新的科学命题,吸引大批科学精英呕心沥血、殚精竭虑,说不定,这些貌似"疯狂"的科学有朝一日会成为造福于人类的现实呢!

30.《黑猩猩在召唤》

珍·古道尔博士,国际著名动物行为学家。为了观察黑猩猩,26岁时她就来到非洲的原始森林,度过了40年的野外生涯,积累了关于黑猩猩的习性、行为等方面大量珍贵的科研数据,重新改写了动物及人类自身的定义。多年来,珍·古道尔博士一直投身于动物保护方面的工作,呼吁人们保护野生动物,保护地球的环境。

这本书使我们从新的角度来看待人类:看到人类与其他动物之间的紧密联系,了解并估价人类与其他动物在行为机制方面的共同遗产,与此同时,充分掌握那些使人成其为人的决定性的区别。这本书能促使我们回顾人类在达到今日水平之前所走过的那漫长而艰难的道路,帮助我们以应有的谦虚,然而又从我们现时所理解的高度出发,去估价我们人类在动物世界中所占据的地位。

31.《世说新语》(部分)

刘义庆，彭城（今江苏徐州）人，南朝宋文学家，宋宗室，《世说新语》是由他组织一批文人编写的。

《世说新语》这部书记载了自汉魏至东晋的逸闻轶事，是研究魏晋风流的极好史料，其中关于魏晋名士的种种活动如清谈、品题，种种性格特征如栖逸、任诞、简傲，种种人生追求，以及种种嗜好，都有生动描写，纵观全书，可以得到魏晋时期几代士人的群像，通过这些人物形象，可以进而了解那个时代上层社会的风尚，看到道家思想对魏晋士人的思维方式和生活状况，乃至对整个社会风气都产生了重要影响。鲁迅先生称它为"一部名士底教科书"。

32.《国文必读古诗100首》（部分）

在中华几千年的灿烂文明中，古代诗歌在文学领域可谓独树一帜，享誉全球。古诗意境深远，至情至性，让我们由衷喜爱。古诗作品言简意赅，用词讲究，有时一个字一个词就能生动形象地把意思表达得淋漓尽致，作者的万千情怀跃然纸上，很多名句因此流传千古。

第五节　八年级书目及推荐理由

1.《通讯名作100篇》（部分）

冯健、李峰，资深记者。

它记录了近百年来中国时代脉搏的跳动。它生动、深刻地反映了中国这一时期的历史进程，堪称"重大事件集成"。你想回溯中国发展的征途吗？那就捧起它，读起来吧。

2.《普利策新闻奖获奖作品》（部分）

约翰·霍恩博格，美国哥伦比亚大学新闻学教授。

"普利策奖"是美国新闻界的最高荣誉。这部作品选的都是"普利策奖"获奖作品，是对美国各层面的关注。作品不仅仅在于凝视，更在于拯救，在于对人类生存所必需的审视。

3.《鲁迅作品选》（部分）

它选取鲁迅作品中精华的部分，相信他对社会及人生的独到见解定会给读者以启迪。鲁迅是中国现代文坛当之无愧的巨匠，他犀利的笔锋直指社会弊端，令世人警醒；也可以在他笔诛挞伐之外感受他别样的脉脉温情。

4.《朱自清散文名作》（部分）

朱自清，原名自华，号秋实，后改名自清，字佩弦。原籍浙江绍兴，出生于江苏省东海县（今连云港市东海县平明镇）。现代散文家、诗人、学者、民主战士。代表作有《春》《绿》《背影》《荷塘月色》《匆匆》。

朱自清的散文创作，从清秀隽永到质朴腴厚再到激进深邃，有着鲜明的时代印记，显示出独特的艺术风格和审美旨趣。他的散文充满诗意，值得品味，值得在繁忙中获得精神的小憩。

5.《茅盾作品精选》

茅盾，原名沈德鸿，笔名茅盾，字雁冰，浙江省嘉兴市桐乡市人。代表作有小说《子夜》《春蚕》和文学评论《夜读偶记》。

茅盾的多篇散文，热情讴歌延安精神，充满着对一种美好新生活的向往。读他的散文，可以感受那个时代革命的热情，感受积极向上的正能量。

6.《昆虫记》

7.《红星照耀中国》

埃德加·斯诺，美国记者。1928年来华，曾任欧美几家报社驻华记者、通讯员。1936年斯诺访问陕甘宁边区，写了大量通讯报道，成为第一个采访红区的西方记者。

《红星照耀中国》是一部客观讲述中国革命历史进程的献礼著作，也是一部回答历史疑问、刷新世界认知的解密作品。在历史变革的巨大洪流中，每个人都是参与者和见证者，而历史也在遵循它的规律稳步前行。埃德加·斯诺亲身经历的故事告诉我们，未知的世界，充满诱惑又充满欺骗，没有亲身体验和探访，不足以谈远方。

8.《钢铁是怎样炼成的》

尼古拉·阿列克谢耶维奇·奥斯特洛夫斯基，苏联作家，坚强的布尔什维克战士，著名的无产阶级作家。

在《钢铁是怎样炼成的》一书中，主人公保尔·柯察金就是作者的化身，表达出自己不向命运低头的革命精神，更是告诉现在的青少年，命运是掌握在自己手中的，只要自己不屈服，那就可以创造奇迹。

9.《马克·吐温小说精选》

马克·吐温，美国著名小说家，其代表作有《汤姆·索亚历险记》《哈克·贝利历险记》等。其作品以幽默、机智见长，奠定了美国文学作品的简洁风格，被称为"现代美国文学之父"。

读此书领略作者以幽默、诙谐的笔法嘲笑美国"民主选举"的荒谬和"民主天堂"的本质，还可以领略著者流畅的文笔、逼真的描述、详细的刻画，让读者如同置身于当时的历史文化之中。

10.《我们仨》

杨绛，本名杨季康，江苏无锡人，中国著名的作家、戏剧家、翻译家。代表作品有《走到人生边上》《我们仨》。

作者讲述了"我们仨"共同走过的一段悲怆而温暖的旅程和一个人思念仨的凄美情思。全书要向读者表达的是：家庭是人生最好的庇护所。

11.《中国现代话剧经典精选》

感受中国经典话剧的魅力，在戏剧冲突中感受典型人物形象。话剧的魅力在于它语言的巨大表现力，字里行间总是立起一个又一个鲜活的人物。

12.《儒林外史》（部分）

吴敬梓，字敏轩，一字文木，号粒民，安徽滁州全椒人，清朝小说家。因家有"文木山房"，所以晚年自称"文木老人"。著有《文木山房诗文集》十二卷（今存四卷）、《文木山房诗说》七卷（今存四十三则）、讽刺小说《儒林外史》。

《儒林外史》讽刺的手法让封建社会的任性被放大，古代封建王朝的顽固不化，吃人、害人的惨相，在嬉笑怒骂中淋漓尽致的呈现。

13.《契诃夫小说选》（部分）

契诃夫，全名安东尼·巴甫洛维奇·契诃夫，是俄国世界级短篇小说巨匠和俄国19世纪末期最后一位批判现实主义艺术大师，与莫泊桑和欧·亨利并称为"世界三大短篇小说家"。代表作有《变色龙》《凡卡》。

本书是契诃夫小说的选本，既注意选取契诃夫的代表作，如《变色龙》《装在套子里的人》等俄国文学史上的名篇，又注重收入适合少年儿童阅读的短篇小说，如《夜莺演唱会》《万卡》《坏孩子》《名贵的狗》等，从中我们既可以体会到契诃夫的忧郁和悲悯，也可以体会他如阳光一样灿烂的幽默和童趣。在短篇小说巨匠契诃夫的笔下，你会看到俄国人民中具有典型性格的小人物的日常生活，忠实反映出当时俄国社会的状况。

14.《水浒传》（部分）

15.《50位影响世界的名人简介》

这些历史名人的人生经历，具有超越时空的永恒魅力与价值。让读者在读此作品时能更好地认识历史名人，了解历史大事，窥视历史前进的脚步，揣摩历史发展的内在规律，领略人类进步的阶梯，获得广阔的文化视野，开阔胸襟，体悟人生的大智慧！

16.《中国最美的20个地方》

"读万卷书，行万里路"，用图片和文字带你"走遍"中国最美的20个地方，让你足不出户也能领略祖国的大好河山，让你闲暇时分就可以欣赏大美中国！

17.《说园》

陈从周，原名郁文，晚年别号梓室，自称梓翁，浙江杭州人。古建筑园林艺术专家。

本书对造园诸方面皆有独到精辟的见解。全书谈景言情，论虚说实，既可使读者了解中国传统造园艺术，又可拓展知识面。你会因为这本书爱上江南精致而别具特色的园林。

18.《中国红》系列丛书

《中国红》系列丛书，图文并茂，精选代表性强、认知度高的中国优秀传统文化专题，内容涵盖文学、书画、汉字、茶文化、酒文化、服饰、传统节日、饮食、养生等方面。

19.《诺顿星图手册》

伊恩·里德帕斯，国际知名的天文学和空间科学作家及传播者。他主编了权威的《牛津天文学辞典》，著有三本供天文爱好者使用的标准观测指南，还撰写了一本有关星座神话的书。现居英国伦敦。译者：李元。

《诺顿星图手册》的专业性已经过几代人的见证，是任何一个户外星空追随者不可或缺的伙伴。它会帮你挑选一架双筒望远镜，无论你的兴趣多么宽广，它都是你——天文爱好者，值得信赖的良师益友。

20.《希腊神话选》

希腊神话源于古老的爱琴文明。在原始时代，希腊人民对于自然产生困惑，通过他们大胆的想象，塑造出一群拥有法力而长生不老却和人一样拥有七情六欲的神界英雄，从而演绎一系列脍炙人口的精彩故事。

21.《外国戏剧精选》

以时间为经，以作品为纬，以点带面，精选外国戏剧史中的经典作品，从戏剧文学赏析的角度，以"剧情脉络""剧作家小传""剧作赏析"为体例，分别对每部剧作的结构编排、语言风格、悬念冲突、情境设置、剧作特色等予以介绍和评析，让你在了解中爱上戏剧。

22.《福尔摩斯探案集》

阿瑟·柯南·道尔，生于苏格兰爱丁堡，因塑造了成功的侦探人物——夏洛克·福尔摩斯而成为侦探小说历史上最重要的作家之一，堪称侦探悬疑小说的鼻祖。

《福尔摩斯探案集》被称为推理小说中的"圣经"，以侦探福尔摩斯与华生的经历为主线，引出了一件件耸人听闻的奇案。如果你是侦探迷，赶紧来看看吧。

23.《几米漫画》丛书

几米，本名廖福彬，台湾著名绘本画家，笔名来自其英文名Jimmy。毕业于中国文化大学美术系，曾在广告公司工作十二年，后来为报纸、杂志等画插画。代表作有《森林里的秘密》《微笑的鱼》《向左走，向右走》。

几米让"图像"成为另一种清新舒洁的文学语言，在他的作品里营造出流畅诗意的画面，散发出深情迷人的风采。几米用自己的细心、自己高超的艺术造诣，抒写着城市特定群体的困惑，塑造着特定群体的情感美学，人们在感受并收获着他们的喜怒哀乐。

24.《中外历史大事记》

让您在历史知识浩如烟海中，用较短的时间内掌握尽可能多的历史知识。它补充了现行教材以外的一些历史事件。这样做便于读者整理历史线索，强化学习重点，扩大对历史事件、历史概念、历史人物的了解，开阔读者的知识面。

25.《边城》

作者沈从文描写了一个近似于桃花源的湘西小城，给都市文明中迷茫的人性指一条明路。人间尚有纯洁自然的爱，人生需要皈依自然的本性。在这里，可以感受纯粹的美。

26.《窦娥冤》

关汉卿，晚号已斋（一说一斋）、已斋叟。与白朴、马致远、郑光祖并称为"元曲四大家"。代表作有《窦娥冤》《单刀会》《西蜀梦》等。

《窦娥冤》全名《感天动地窦娥冤》，写窦娥被无赖诬陷，又被官府错判斩刑的冤屈故事。全剧四折一楔子。第三折写行刑前，窦娥许下三桩誓愿——血溅白绫、六月飘雪、大旱三年，以证明其冤屈，皆应验。一个悲剧的女性，用她的誓言，把当时社会黑暗的巨幕撕开一角，透射光亮。

27.《聊斋志异》（部分）

蒲松龄，字留仙，一字剑臣，别号柳泉居士，世称聊斋先生，自称异史氏，清代小说家。

《聊斋志异》是文言文短篇小说集。写鬼写妖高人一等，刺贪刺虐入骨三分，鬼狐有性格，笑骂成文章。在鬼狐花鸟的故事里看尽人世间。

28.《世界名人演讲精选》

本书精选商界骄子、文艺巨匠、学者专家、政界领袖的多篇演讲，这些经典演说，震撼心灵，让您在诵读名句中，感悟做人做事的道理，体会文艺之美，领略成功之道。让我们一起来分享讲演者的成功与喜悦，汲取战胜困难的经验与智慧，获得自信与勇气。

29.《老舍文选》（部分）

老舍的散文，无论写人、写景、写情、写事，感情真挚，爱憎分明；简而明，短而精，通俗易懂，深入浅出，且幽默诙谐，耐人寻味。一起来寻找作品中的精髓吧。

30.《天龙八部》

所谓"天龙八部"，是佛经用语，包括八种神道怪物。金庸以此为书名，旨在象征大千世界之中形形色色的人物。小说以宋哲宗时代为背景，通过宋、辽、大理、西夏、吐蕃之间的武林恩怨和民族矛盾，从哲学的高度对人生和社会进行审视和描写，展示了一幅波澜壮阔的生活画卷。读此书让你了解什么是金庸理解的"侠之大者"。

31.《红楼梦》（部分）

曹雪芹，名霑，字梦阮，号雪芹，又号芹溪、芹圃，祖籍辽宁铁岭，生于南京，约十三岁时迁回北京。曹雪芹出身清代内务府正白旗包衣世家，他是江宁织造曹寅之孙，曹頫之子。

读经典名著启迪人生，读经典名著照亮前程。作为四大名著之首的《红楼梦》，以贾、史、王、薛四大家族的兴衰为背景，以贾府的家庭琐事、闺阁闲情为脉络，以贾宝玉、林黛玉、薛宝钗的爱情婚姻故事为主线，揭示出封建末世危机。

32.《中小学生必读法律常识》

学生应该了解和掌握一些法律知识，只有这样才能健康成长为社会需要的栋梁。这本书普及了生活中常见的法律知识，赶紧来看吧。

33.《苏菲的世界》

乔斯坦·贾德，挪威世界级的作家，1952年生于挪威首都奥斯陆。代表作有《纸牌的秘密》《苏菲的世界》。

这本书不仅能唤醒人们内心深处对生命的敬仰与赞叹、对人生意义的关心与好奇，还为每一个人的成长——使生命从混沌走向智慧、由困惑而进入觉悟之境，挂起一盏盏明亮的桅灯。

34.《50部中外名著快读》

站在巨人的肩膀上看世界、品人生。中外经典名著让你缩短时空，体验种种不同的人生，思考你自己的人生之路。

35.《中国百科全书》

一书在手，群书尽览。带上你的好奇，带上你的耐心，尽情在知识的海洋里遨游吧。

36.《三棋知识大略》

中国象棋、围棋、国际象棋，不仅能让你的人生多一种兴趣体验，还能获得缜密的思维，在方寸之地，领略人生大智慧。

37.《史记》（部分）

38.《苏东坡诗词选》

苏东坡，字子瞻，又字和仲，号东坡居士，世称苏东坡、苏仙。北宋眉州眉山（今属四川省眉山市）人，唐宋八大家之一，著名文学家、书法家、画家。代表作品有《赤壁赋》《饮湖上初晴后雨》《念奴娇·赤壁怀古》。

在苏东坡的词里，能见到"大江东去"的恢弘，能感受"十年生死两茫茫"的凄婉，更能体悟"一蓑烟雨任平生"的豁达。

39.《颜氏家训》

颜之推，字介，生于建康郡（今江苏省南京市）的一个士族官僚之家。传世著作有《颜氏家训》。

少年若天性，习惯成自然。对孩子进行规范训练，是留给孩子最宝贵的精神财富，《颜氏家训》中关于求学和为人方面的论述能给青少年极好的借鉴。

40.《韩愈散文选》

韩愈，字退之，河南河阳（今河南省孟州市）人，自称"郡望昌黎"，世称"韩昌黎""昌黎先生"。唐代文学家、思想家、哲学家、政治家，唐宋八大家之一。

韩愈的散文富于艺术个性，颇具阳刚之美，雄奇刚健，自由奔放，如长江大河，一泻千里，气势磅礴。读他的散文，可以感受他非凡的人格和极妙的语言魅力。

41.《孟子》（部分）

孟子，名轲，或字子舆，邹（今山东邹城市）人。战国时期思想家、教育家，儒家学派的代表人物。与孔子并称"孔孟"。

《孟子》是记录孟轲言行的一部著作，也是儒家重要经典之一。这部书的理论纯粹宏博，文章极雄健优美。

42.《唐诗精选100首》

熟读唐诗，感受中国诗歌的韵律，感受大唐的风骨。熟读唐诗，找回作为诗的国度的继承人应有的素养。熟读唐诗，积蓄人生的养料。

43.《汉乐府》

乐府初设于秦，到了汉武帝时，在定郊祭礼乐时重建乐府，它的职责是采集民间歌谣或文人的诗来配乐，以备朝廷祭祀或宴会时演奏之用。它搜集整理的诗歌，后世就叫"乐府诗"，或简称"乐府"。它是继《诗经》《楚辞》而起的一种新诗体。

汉乐府民歌具有浓厚的生活气息，文质兼美，反映了社会下层民众日常生活的艰难与痛苦。读它，你会惊叹于它的质朴；读它，你会惊艳于它的深邃；读它，你会沉浸于它的美丽。

44.《诗经》（部分）

《诗经》被誉为古代社会的人生百科全书，反映了劳动与爱情、战争与徭役、压迫与反抗、风俗与婚姻、祭祖与宴会，甚至天象、地貌、动物、植物等方方面面。零距离接触古代先民的生活。

45.《论语》

作者是孔子弟子及其再传弟子。孔子（前551—前479），名丘，字仲尼，生于春秋时期鲁国陬邑（今山东省曲阜市）。中国著名的思想家、教育家。被联合国教科文组织评为"世界十大文化名人"之首。孔子一生修《诗》《书》，定《礼》《乐》，序《周易》等。

　　古人半部《论语》治天下，如今的我们更要继承古人的智慧，知人生之道。在吟诵中感悟圣人之智，启迪人生之路。

第六节　九年级书目及推荐理由

1.《草房子》（部分）

2.《徐志摩诗精选》

徐志摩，浙江海宁硖石人，现代诗人、散文家。曾经用过的笔名有南湖、诗哲、海谷、谷、大兵、云中鹤、仙鹤等。徐志摩是新月派代表诗人，新月诗社成员。

《徐志摩诗精选》精选徐志摩诗词并赏析。徐志摩似乎生来就是为了写诗的，他的诗贯彻了新月派诗人对诗歌节律美的追求，字句清新，韵律谐和，意境优美，富于变化，并追求艺术形式的整饬、华美，令人读来回味无穷，心生向往。

3.《狂人日记》

《狂人日记》是鲁迅创作的第一个短篇白话日记体小说，也是中国第一部现代白话文小说。小说通过被迫害者"狂人"的形象以及"狂人"的自述式的描写，揭示了封建礼教的"吃人"本质，表现了作者对以封建礼教为主体内涵的中国封建文化的反抗，也表现了作者深刻的忏悔意识。作者以彻底的"革命民主主义"的立场对中国的文化进行了深刻的反思，同时对中国的甚至是人类的前途表达了深广的忧愤。

4.《曾国藩家书》

曾国藩，初名子城，字伯涵，号涤生，曾子第七十世孙。清代政治家、战略家、理学家、文学家，湘军的创立者和统帅。

《曾国藩家书》是曾国藩的书信集，所涉及的内容极为广泛，是曾国藩一生的主要活动和其治政、治家、治学之道的生动反映。家书行文从容镇定，形式自由，挥笔自如，在平淡家常中蕴含着真知良言，具有极强的说服力和感召力。

5.《培根随笔》

弗朗西斯·培根，英国文艺复兴时期散文家、哲学家。英国唯物主义哲学家，实验科学的创始人。

这是弗朗西斯·培根创作的随笔集。主要是收录了一些议论性质的短文，涉及政治、经济、宗教、爱情、婚姻、友谊、艺术、教育、伦理等，几乎触及了人类生活的方方面面。作为一名学识渊博且通晓人情世故的哲学家和思想家，培根对他谈及的问题均有发人深省的独到之见。作品是英国随笔文学的开山之作，以其简洁的语言、优美的文笔、透彻的说理、迭出的警句，在世界文学史上占据了重要的地位。

6.《傅雷家书》

傅雷，字怒安，号怒庵，生于原江苏省南汇县下沙乡（今上海市浦东新区航头镇），中国翻译家、作家、教育家、美术评论家，中国民主促进会（民进）的重要缔造者之一。早年留学法国巴黎大学。翻译了大量的法文作品，其中包括巴尔扎克、罗曼·罗兰、伏尔泰等名家著作。因在翻译巴尔扎克作品方面的卓越贡献，被法国巴尔扎克研究会吸收为会员。

《傅雷家书》是一本书信集，摘编了傅雷先生1954年至1966年5月的186封书信，最长的一封信长达七千字。字里行间，充满了父亲对儿子的挚爱、期望，以及对国家和世界的高尚情感。该书是父亲写给儿子的家书，是写在纸上的家常话，因此如山间潺潺清泉，碧空中舒卷的白云，感情纯真、质朴，令人动容。这本书问世以来，对人们的道德、思想、情操、文化修养的启迪作用既深且远。

7.《水浒传》（部分）

8.《荆轲刺秦王》

刘向，字子政，原名更生，世称刘中垒，世居长安，祖籍秦泗水郡丰县（今江苏徐州）。生于汉昭帝元凤四年（前77年），去世于汉哀帝建平元年（前6年）。刘歆之父。

《荆轲刺秦王》出自《战国策·燕策三》，记述了战国时期荆轲刺秦王这一悲壮的历史故事，反映了当时的社会政治情况，表现了荆轲重义轻生、反抗暴秦、勇于牺牲的精神。文章通过一系列情节和人物对话、行动、表情、神态等表现人物性格，塑造了英雄荆轲的形象。

9.《陈情表》

李密，字玄邃，一字法主，京兆长安（今陕西西安）人，祖籍辽东襄平（今辽宁辽阳南），隋唐时期的群雄之一。

《陈情表》是李密写给晋武帝的奏章。文章从自己幼年的不幸遭遇写起，说明自己与祖母相依为命的特殊感情，叙述祖母抚育自己的大恩，以及自己应该报养祖母的大义，除了感谢朝廷的知遇之恩以外，又倾诉自己不能从命的苦衷，辞意恳切，真情流露，语言简洁，委婉畅达。此文为中国文学史上抒情文的代表作之一，有"读诸葛亮《出师表》不流泪者不忠，读李密《陈情表》不流泪者不孝"的说法。

10.《大堰河》

艾青，1910年生于浙江金华，现代文学家、诗人。1933年第一次用笔名发表长诗《大堰河——我的保姆》。1985年获法国文学艺术最高勋章。

《大堰河》是艾青创作的诗集，收录了《大堰河——我的保姆》等9篇作品。作者通过对自己乳母的回忆与追思，抒发了对贫苦农妇大堰河的怀念之情、感激之情和赞美之情，从而激发人们对旧中国广大劳动妇女悲惨命运的同情，对"不公道的世界"的强烈仇恨。

11.《双桅船》

舒婷，原名龚佩瑜，1952年生于福建石码镇，从小随父母定居于厦门，1969年下乡插队，1972年返城当工人，1979年开始发表诗歌作品，1980年至福建省文联工作。中国当代女诗人，朦胧诗派的代表人物。

诗人主要运用朦胧诗的写法，采用象征、意象来表达诗人的主观情绪，从而伸张人性，表现了诗人双重的心态与复杂的情感：一方面，是理想追求的"灯"；另一方面，是爱情向往的"岸"。在执着追求理想的进程中，时而与岸相遇，又时而与岸别离，相和谐又相矛盾。

12.《望舒草》

戴望舒，名承，字朝安，小名海山，浙江杭州人。中国现代派象征主义诗人、翻译家等。他在鸳鸯蝴蝶派的刊物上先后发表《债》《卖艺童子》《母爱》等。曾经和杜衡、张天翼和施蛰存等人成立了一个名谓"兰社"的文学小团体，创办了《兰友》旬刊。

《望舒草》收诗41首，大多抒发忧郁、伤感的情绪和寂寞的心境。表现手法上受法国象征主义诗歌和中国古典诗词影响，善于通过意象、情绪和节奏的自然流动来暗示个人哀愁。

13.《格列佛游记》（部分）

14.《哈姆雷特》

威廉·莎士比亚，华人社会常尊称为莎翁，清末民初鲁迅在《摩罗诗力说》（1908年）中称莎翁为"狭斯丕尔"，是英国文学史上杰出的戏剧家，也是欧洲文艺复兴时期伟大的作家。

《哈姆雷特》是一部悲剧作品，讲述了叔叔克劳狄斯谋害了哈姆雷特的父亲，篡取了王位，并娶了国王的遗孀乔特鲁德，哈姆雷特王子因此为父王向叔叔复仇。《哈姆雷特》是莎士比亚所有戏剧中篇幅最长的一部，也是莎士比亚最负盛名的剧本，具有深刻的悲剧意义、复杂的人物性格以及丰富完美的悲剧艺术手法，代表着整个西方文艺复兴时期文学的最高成就。同《麦克白》《李尔王》和《奥赛罗》一起组成莎士比亚的"四大悲剧"。

15.《音乐之声》

勒曼，美籍德国女高音歌唱家，剧作家。

《音乐之声》是美国剧作家勒曼的作品。罗伯特·怀斯导演的《音乐之声》是电影史上一部经典音乐故事片。影片生动地塑造了热爱歌唱、活泼欢乐的女主人公玛丽亚的形象，表现了奥地利人民热爱祖国的民族感情。剧中运用的大量经典音乐，使这部电影具有很高的艺术价值。同时电影中的音乐具有很高的艺术成就。

16.《罗密欧与朱丽叶》

《罗密欧与朱丽叶》是莎士比亚早期创作的一部悲剧，剧中描写蒙太古之子罗密欧和凯普莱特之女朱丽叶一见钟情，他们为了对自由爱情的追求，敢于不顾家族世仇，敢于违抗父命，甚至以死殉情。这是莎士比亚悲剧中浪漫主义抒情色彩最浓的一部悲剧，也是一曲反对封建主义，倡导自由平等、个性解放、婚姻自主的颂歌。

17.《孟子》（部分）

18.《〈庄子·内篇〉精读》

庄子，姓庄，名周，字子休（亦说子沐），宋国蒙人。先祖是宋国君主宋戴公。他是东周战国中期著名的思想家、哲学家和文学家，是继老子之后战国时期道家学派的代表人物。

《〈庄子·内篇〉精读》，含有文本的订正、阅读、试译、解析和讨论等内容。书前的导论从寓言的视角对庄子做了全景式的鸟瞰，推荐了阅读中国古代经典的三个方法以及阅读《庄子·内篇》的三把钥匙。通过分析，作者揭示出《庄子·内篇》是一个体系完整、逻辑严密的哲学论著，七篇文章分别阐述了庄子的人生观、世界观和认识论、人生观和价值观、社会观和处世观、道德观、生死观、政治观，呈现了一个集文学的风采、哲学的睿智、美学的情趣和洒脱的人生于一身的庄子。

19.《左传》（部分）

左丘明，本名丘明，因其先祖曾任楚国的左史官，故在姓前添"左"字，称左史丘明先生，世称"左丘明"。

《左传》相传是春秋末年鲁国的左丘明为《春秋》做注解的一部史书，"春秋三传"之一。也是中国第一部叙事详细的编年体史书，主要记载了东周前期各国政治、经济、军事、外交和文化方面的重要事件和重要人物，是研究中国先秦历史很有价值的文献，也是优秀的散文著作。

20.《战国策》（部分）

《战国策》是一部国别体史学著作，又称《国策》，主要记述战国时期游说之士的政治主张和言行策略，展示了当时的历史特点和社会风貌。

21.《诗经·国风》

《诗经·国风》收集包括西周初年至春秋中叶，约十五个诸侯国的民间歌曲，以绚丽多彩的画面，反映了劳动人民真实的生活，表达了他们对受剥削、受压迫的处境的不平和争取美好生活的信念，以简朴的语言描摹事物，以朴素的生活画现反映社会现实，是我国现实主义诗歌的源头。

22.《朦胧诗精选》（部分）

《朦胧诗精选》精选二十世纪七八十年代北岛、舒婷、顾城、杨炼、江河、芒克、多多等为代表的一批朦胧诗人的代表作品。他们率先将诗歌直面时代，指向内心。他们的集体崛起与繁衍，在中国近百年的新诗史上镂刻了一段永恒的文化记忆。那些灿若星辰的美丽诗篇，至今仍在影响着我们。

23.《菲菲小姐》

居伊·德·莫泊桑，19 世纪后半叶法国批判现实主义作家。他是法国文学史上短篇小说创作数量最大、成就最高的作家之一。

《菲菲小姐》是十九世纪中后期法国作家莫泊桑早期创作的一个著名的短篇小说。小说讲述的是在普法战争中，普鲁士军队入侵法国。冯·艾里克少尉因其身段漂亮，脸色苍白，蔑视他人，常发生"菲菲"的声音而成为"菲菲小姐"。他是一个性子火暴的战争狂人，最后被法国妓女拉歇乐杀死。莫泊桑的文学成就以短篇小说最为突出，他擅长从平凡琐屑的事物中截取富有典型意义的片断，以小见大，概括出生活的真实。

24.《人性的弱点》

戴尔·卡耐基，美国著名人际关系学大师，美国现代成人教育之父，西方现代人际关系教育的奠基人，被誉为20世纪最伟大的心灵导师和成功学大师。

戴尔·卡耐基所著的《人性的弱点》一书是风靡全球的自我教育与成人训练的范本。该书汇集了卡耐基的思想精华和最激动人心的内容，是作者最成功的励志经典，出版后立即获得了广大读者的欢迎，成为西方世界持久的人文畅销书。众多读者通过阅读和实践书中介绍的各种方法，走出困境，成为世人仰慕的杰出人士。只要不断研读本书，相信你也可以发掘自己的无穷潜力，创造辉煌的人生。

25.《三十六计》

三十六计，或称三十六策，是指中国古代三十六个兵法策略，语源于南北朝，成书于明清。它是根据中国古代军事思想和丰富的斗争经验总结而成的兵书，是中华民族悠久的非物质文化遗产之一。

26.《儒林外史》（部分）

27.《话说中国·春秋巨人》

《话说中国·春秋巨人》是"话说中国"系列图书之一，中宣部"民族精神史诗出版工程"首推项目之一，中宣部、教育部、团中央向青少年推荐的百种图书之一。

28.《巴黎圣母院》（部分）

29.《红楼梦》（部分）

30.《女神》

《女神》，收入郭沫若1919年到1921年创作的主要诗作，连同序诗共57篇，多为诗人留学日本时所作。其中代表诗篇有《凤凰涅槃》《女神之再生》《炉中煤》《日出》《笔立山头展望》《地球，我的母亲！》《天狗》《晨安》《立在地球边上放号》等。在诗歌形式上，突破了旧格套的束缚，创造了雄浑奔放的自由诗体，为中国新诗的奠基之作。

31.《舒婷诗精选》

本书精选舒婷诗歌并进行赏析。这些诗歌善于运用转折、假设、选择和虚拟等句式，表现诗人独特的内心情感的纠结、缠绕、冲突，以及为矛盾冲突的情感寻找解脱、出路的努力。

32.《契诃夫小说选》（部分）

33.《简·爱》

34.《雷雨》

曹禺，原名万家宝，字小石，小名添甲。祖籍湖北潜江，出生在天津一个没落的封建官僚家庭里。曹禺作为中国新文化运动的开拓者之一，与鲁迅、郭沫若、茅盾、巴金、老舍齐名。他是中国现代戏剧的泰斗。

《雷雨》是一部话剧，此剧以1925年前后的中国社会为背景，描写了一个带有浓厚封建色彩的资产阶级家庭的悲剧。剧中讲述两个家庭、八个人物、三十年的恩怨，不论是家庭秘密还是身世秘密，所有的矛盾都在雷雨之夜爆发，在叙述家庭矛盾纠葛、怒斥封建家庭腐朽顽固的同时，反映了更为深层的社会及时代问题。该剧情节扣人心弦、语言精练含蓄，人物各具特色，是"中国话剧现实主义的基石"。

35.《老人与海》

欧内斯特·米勒·海明威，出生于美国伊利诺伊州芝加哥市郊区奥克帕克，美国作家、记者，被认为是20世纪著名的小说家之一。

《老人与海》是海明威于1951年在古巴写的一篇中篇小说，该作围绕一位老年古巴渔夫与一条巨大的马林鱼在离岸很远的湾流中搏斗而展开故事，是海明威个人世界观和人生观的结晶，是海明威最满意的作品之一，是20世纪欧洲文坛最具影响力的小说之一，对促进欧洲文学的发展有着长足的影响。这篇小说相继获得了1953年美国普利策奖和1954年诺贝尔文学奖。

36.《平凡的世界》

路遥，原名王卫国，生于陕北榆林清涧县。代表作有长篇小说《平凡的世界》《人生》等。

《平凡的世界》是一部百万字的小说，全景式地表现中国当代城乡社会生活。该书以中国70年代中期到80年代中期十年间为背景，通过复杂的矛盾纠葛，以孙少安和孙少平两兄弟为中心，刻画当时社会各阶层众多普通人的形象，劳动与爱情、挫折与追求、痛苦与欢乐、日常生活与巨大社会冲突交织在一起，深刻地展示了普通人在大时代历史进程中走过的艰难曲折的道路。

37.《牛虻》

艾捷尔·丽莲·伏尼契，原名艾捷尔·丽莲·布尔，是英国数学家乔治·布尔的第五个女儿，出生在爱尔兰的科克市。幼年丧父，家境贫困。1885年毕业于柏林音乐学院。1897年艾捷尔·丽莲·伏尼契出版了小说《牛虻》，这部小说在中国影响巨大。

《牛虻》描写了意大利革命党人牛虻的一生。单纯幼稚的爱国青年亚瑟因被革命同志误解，佯装投河自尽，奔赴南美。13年后，当他带着一身伤残重回故乡时，苦难的经历已把他磨炼成一个坚定的革命者。他参与了反对奥地利统治者、争取国家独立统一的斗争，最后为之献出了生命。小说涉及了斗争、信仰、牺牲这些色彩浓重的主题，反映了19世纪30年代意大利革命者反对奥地利统治者、争取国家独立统一的斗争，成功地塑造了革命党人牛虻的形象。

38.《毛泽东诗词精选》

毛泽东，字润之，湖南湘潭人。中国人民的领袖，马克思主义者，伟大的无产阶级革命家，中国共产党、中国人民解放军和中华人民共和国的主要缔造者和领导人，诗人，书法家。

毛泽东诗词是指毛泽东创作的旧体诗词作品。本书精选毛泽东诗词并进行赏析，展示出毛主席当时的风采与思想。毛泽东诗词贯穿着以爱国主义为核心的中华民族精神，是进行爱国主义、革命传统和优良思想品德教育的好教材。

39.《泰戈尔诗选》

泰戈尔的创作多取材于印度现实生活，反映出印度人民在殖民主义、封建制度、愚昧落后思想的重重压迫下的悲惨命运，描绘出在新思想的冲击下印度社会的变化及新一代的觉醒，要求改变自己命运的强烈愿望，描写了不屈不挠的反抗斗争，充满了鲜明的爱国主义和民主主义精神，同时记载着诗人自己的精神探索历程。

40.《国文必读古诗100首》（部分）

41.《国文必读古词曲100阕》

中华古词曲，历史悠久，源远流长。星光灿烂，各领风骚。诵读这些词曲佳作，可以丰富读者人生。

42.《国文必读古文100篇》

中国古文之繁盛，经典之雍容，真可谓"经国之大业，不朽之盛事"，实为仪态万方，汪洋恣肆。这份厚重醇美的文化精品，高山仰止，令人惊叹。

第二章　分级书目导读集成表

第一节　一年级书目导读集成表

表1　一年级上学期书目导读集成表

周次	诵读书目	跟读书目 （精读为主）	拓展书目
第1—3周	《日有所诵》	《逃家的小兔》	《猜猜我有多爱你》
第4—6周	《日有所诵》	《可爱的鼠小弟》	《鳄鱼怕怕牙医怕怕》
第7—9周	《日有所诵》 《三字经》	《爷爷一定有办法》	《三只松鼠奇幻冒险贴纸书》
第10—12周	《日有所诵》 《三字经》	《杨红樱童话系列》	《培养孩子从画画开始》
第13—15周	《日有所诵》 《三字经》	《杨红樱童话系列》	《培养孩子从画画开始》
寒假	《比得兔的世界》		

表2　一年级下学期书目导读集成表

周次	诵读书目	跟读书目 （精读为主）	拓展书目
第1—3周	《日有所诵》 《弟子规》	《蓝猫刨根3000问》	《天天数独竞赛教学版》
第4—6周	《日有所诵》 《弟子规》	《蓝猫刨根3000问》	《天天数独竞赛教学版》
第7—9周	《日有所诵》 《弟子规》	《蓝猫刨根3000问》	《丁丁历险记》
第10—12周	《日有所诵》 《弟子规》	《动物世界大百科》	《儿童色铅笔基础入门》
第13—15周	《日有所诵》 《弟子规》	《动物世界大百科》	《儿童色铅笔基础入门》
暑假	《漫画孙子兵法》《父与子》《趣味科普立体书：太空》		

第二节　二年级书目导读集成表

表3　二年级上学期书目导读集成表

周次	诵读书目	跟读书目 （精读为主）	拓展书目
第1—3周	《百家姓》 《日有所诵》	《笠翁对韵》	《小红花脑筋急转弯》
第4—6周	《百家姓》 《日有所诵》	《笠翁对韵》	《小红花脑筋急转弯》
第7—9周	《百家姓》 《日有所诵》	《杨红樱童话系列》	《培养超级神童的1000个思维游戏》
第10—12周	《千字文》 《日有所诵》	《杨红樱童话系列》	《培养超级神童的1000个思维游戏》
第13—15周	《千字文》 《日有所诵》	《杨红樱童话系列》	《培养超级神童的1000个思维游戏》
寒假	《中华童谣》《小学生必背古诗词100首》《谜语三百首》		

表4 二年级下学期书目导读集成表

周次	诵读书目	跟读书目 （精读为主）	拓展书目
第1—3周	《声律启蒙》 《日有所诵》	《淘气包马小跳》	《李昌镐儿童围棋课堂 初级篇》
第4—6周	《声律启蒙》 《日有所诵》	《淘气包马小跳》	《巨眼丛书》
第7—9周	《声律启蒙》 《日有所诵》 《弟子规》	《淘气包马小跳》	《折纸大全书手工》
第10—12周	《中华经典素读范本》 《日有所诵》	《上学就看·熊爸爸幽 默童话》	《哈佛给学生做的1400 个思维游戏》
第13—15周	《中华经典素读范本》 《日有所诵》	《小心大发明》	《一粒种子的旅行》
暑假	《天天数独竞赛教学版》 《125游戏提升孩子专注力》 《给儿童的物理科学书》		

第三节　三年级书目导读集成表

表5　三年级上学期书目导读集成表

周次	诵读书目	跟读书目 （精读为主）	拓展书目
第1—3周	《小学生必背古诗词100首》	《金波儿童诗选》	《郑渊洁童话系列》
第4—6周	《小学生必背古诗词100首》	《让孩子着迷的77×2个经典科学游戏》	《绿野仙踪》
第7—9周	《小学生必背古诗词100首》	《让孩子着迷的77×2个经典科学游戏》	《爱丽丝漫游奇境记》
第10—12周	《小学生必背古诗词100首》	《十万个为什么》	《中国民间故事》
第13—15周	《小学生必背古诗词100首》	《十万个为什么》	《亲爱的汉修先生》
寒假	《封神演义》		

表6　三年级下学期书目导读集成表

周次	诵读书目	跟读书目 （精读为主）	拓展书目
第1—3周	《小学生必背古诗词100首》	《稻草人》	《乌丢丢的奇遇》
第4—6周	《小学生必背古诗词100首》	《奇妙的数王国》	《怪老头儿》
第7—9周	《小学生必背古诗词100首》	《奇妙的数王国》	《草房子》
第10—12周	《小学生必背古诗词100首》	《科幻故事大世界·天外来客》	《宝葫芦的秘密》
第13—15周	《小学生必背古诗词100首》	《科幻故事大世界·天外来客》	《安徒生童话》
暑假	《封神演义》《故乡的桂花雨》		

第四节　四年级书目导读集成表

表7　四年级上学期书目导读集成表

周次	诵读书目	跟读书目 （精读为主）	拓展书目
第1—3周	《百家姓》	《秋风娃娃》	《淘气包马小跳系列》
第4—6周	《千字文》	《徐悲鸿作品集》	《大林和小林》
第7—9周	《神童诗》	《科学家故事100个》	《长腿叔叔》
第10—12周	《三字经》	《科学家故事100个》	《吹牛大王历险记》
第13—15周	《弟子规》	《高士其科普童话》	《木偶奇遇记》
寒假	《三国演义》《金牌数独》		

表8 四年级下学期书目导读集成表

周次	诵读书目	跟读书目 （精读为主）	拓展书目
第1—3周	《名贤集》	《司马光的故事》	《格列佛游记》
第4—6周	《笠翁对韵》	《童第周的故事》	《汤姆·索亚历险记》
第7—9周	《增广贤文》	《李时珍的故事》	《长袜子皮皮》
第10—12周	《声律启蒙》	《珍珠鸟》	《我要做好孩子》
第13—15周	《朱子家训》	《海燕》	《中外名人故事》
暑假	《西游记》《筏子》《海底两万里》		

第五节　五年级书目导读集成表

表9　五年级上学期书目导读集成表

周次	诵读书目	跟读书目 （精读为主）	拓展书目
第1—2周	《小学生必背古诗词100首》	《昆虫记》	《我的妈妈是精灵》
第3—5周	《小学生必背古诗词100首》	《昆虫记》	《中国神话故事》
第6—8周	《小学生必背古诗词100首》	《昆虫记》	《史记故事》
第9—10周	《小学生必背古诗词100首》	《父与子》	《菲斯的秘密》
第11—12周	《小学生必背古诗词100首》	《父与子》	《银色大地的传说》
第13—15周	《小学生必背古诗词100首》	《诺贝尔》	《七号梦工厂》
第16—17周	《小学生必背古诗词100首》	《水浒传》	《汤姆大叔的小屋》
寒假	《西游记》		

表10 五年级下学期书目导读集成表

周次	诵读书目	跟读书目 （精读为主）	拓展书目
第1—3周	《小学生必背古诗词100首》	《朝花夕拾》	《荷花镇的早市》
第4—5周	《小学生必背古诗词100首》	《寄小读者》	《杜立德医生》
第6—8周	《小学生必背古诗词100首》	《假如给我三天光明》	《上下五千年》
第9—10周	《小学生必背古诗词100首》	《神秘的金字塔》	《天方夜谭》
第11—13周	《小学生必背古诗词100首》	《呼兰河传》	《草房子》
第14—15周	《小学生必背古诗词100首》	《拉贝日记》	《青少年军事博览——开国元勋》
第16—17周	《小学生必背古诗词100首》	《丛林故事》	《市场街最后一站》
暑假	《城南旧事》《青铜葵花》《我的大学》《最好的时光在路上》		

第六节　六年级书目导读集成表

表11　六年级上学期书目导读集成表

周次	诵读书目	跟读书目 （精读为主）	拓展书目
第1-5周	《小学生必背古诗词100首》	《俗世奇人》	《森林报》
第6-8周	《小学生必背古诗词100首》	《失落的一角》	《大侦探小卡莱》
第9-15周	《小学生必背古诗词100首》	《冰心儿童文学新作获奖丛书》	《写给孩子的哲学启蒙书》《听爸爸讲宇宙故事》
第16-18周	《小学生必背古诗词100首》	《鲁滨孙漂流记》	《根鸟》
寒假	《西顿动物故事集》		

表12 六年级下学期书目导读集成表

周次	诵读书目	跟读书目 （精读为主）	拓展书目
第1-10周	《小学生必背古诗词100首》	《新月集》 《三国演义》 《简·爱》	《想念梅姨》
第11-13周	《小学生必背古诗词100首》	《赵丽宏散文精选》	《希腊神话故事》
第14-18周	《小学生必背古诗词100首》	《古代诗书与 圣贤者故事》	《科学改变人类的一百个瞬间》《伐木者醒来》
暑假	《巴黎圣母院》《名侦探柯南》《柳林风声》		

第七节　七年级书目导读集成表

表13　七年级上学期书目导读集成表

周次	诵读书目	跟读书目 （精读为主）	拓展书目
第1—3周	《幼学琼林》	《世说新语选》	《天方夜谭》
第4—6周	《幼学琼林》	《朝花夕拾》	《孔子传》
第7—9周	《国文必读古诗100首》	《我的遥远的清平湾》	《从一到无穷大：科学中的事实与臆测》
第10—12周	《国文必读古诗100首》	《张晓风散文选》《白洋淀纪事》	《超越梦想：激励你一生的名人励志故事》《林肯传》
第13—15周	《国文必读古诗100首》	《沈石溪动物小说选》	《射雕英雄传》《湘行散记》
寒假	《西游记》《国文必读古诗100首》《海底两万字》		

表14　七年级下学期书目导读集成表

周次	诵读书目	跟读书目 （精读为主）	拓展书目
第1—3周	《国文必读古诗100首》	《人类的群星闪耀时》	《三位大师》
第4—6周	《国文必读古诗100首》	《骆驼祥子》	《红岩》
第7—9周	《国文必读古诗100首》	《少年维特之烦恼》	《NBA光荣之路》
第10—12周	《国文必读古诗100首》	《中国当代名家散文选》	《纳尔齐斯与歌尔德蒙》 《麦田里的守望者》
第13—15周	《国文必读古诗100首》	《吾国与吾民》 《时间奥秘》	《棋王》《科学也疯狂》
暑假	《国学常识》《中华五千年史话》《黑猩猩在召唤》		

第八节　八年级书目导读集成表

表15　八年级上学期书目导读集成表

周次	诵读书目	跟读书目 （精读为主）	拓展书目
第1—3周	《史记》	《通讯名作100篇》 《鲁迅作品选》	《50位影响世界的名人简介》 《中国红》系列丛书
第4—6周	《苏东坡诗词选》	《朱自清散文名作》	《茅盾作品精选》
第7—9周	《颜氏家训》	《昆虫记》	《说园》
第10—12周	《颜氏家训》	《红星照耀中国》	《诺顿星图手册》 《福尔摩斯探案集》
第13—15周	《韩愈散文选》	《我们仨》	《外国戏剧精选》 《希腊神话选》
寒假	《钢铁是怎样炼成的》《马克·吐温小说精选》		

表16　八年级下学期书目导读集成表

周次	诵读书目	跟读书目 （精读为主）	拓展书目
第1—3周	《孟子》	《中国现代话剧经典精选》	《苏菲的世界》 《几米漫画》丛书
第4—6周	《唐诗精选 100首》	《汉乐府》	《窦娥冤》 《中外历史大事记》
第7—9周	《唐诗精选 100首》	《儒林外史》 《契诃夫小说选》	《聊斋志异》 《边城》
第10—12周	《世界名人 演讲精选》	《老舍文选》	《天龙八部》 《中国最美的20个地方》
第13—15周	《诗经》	《水浒传》	《红楼梦》 《中小学生必读法律常识》
暑假	《论语》《普利策新闻奖获奖作品》 《50部中外名著快读》《中国百科全书》		

第九节　九年级书目导读集成表

表17　九年级上学期书目导读集成表

周次	诵读书目	跟读书目（精读为主）	拓展书目
第1—3周	《毛泽东诗词精选》	《草房子》《徐志摩诗精选》	《朦胧诗精选》
第4—6周	《国文必读古诗100首》	《狂人日记》《曾国藩家书》	《菲菲小姐》
第7—9周	《国文必读古词曲100阕》	《培根随笔》《傅雷家书》	《人性的弱点》
第10—12周	《国文必读古文100篇》	《水浒传》	《儒林外史》《三十六计》
第13—15周	《国文必读古文100篇》	《荆轲刺秦王》《陈情表》	《话说中国·春秋巨人》
寒假	《红楼梦》《〈庄子·内篇〉精读》		

表18　九年级下学期书目导读集成表

周次	诵读书目	跟读书目 (精读为主)	拓展书目
第1—3周	《泰戈尔诗选》	《大堰河》 《双桅船》 《望舒草》	《女神》 《舒婷诗精选》
第4—6周	《国文必读古词曲100阕》	《格列佛游记》	《契诃夫小说选》
第7—9周	《国文必读古词曲100阕》	《音乐之声》 《罗密欧与朱丽叶》	《雷雨》
第10—12周	《国文必读古文100篇》	《孟子》 《左传》	《简·爱》
第13—15周	《国文必读古文100篇》	《战国策》 《诗经·国风》	《老人与海》
暑假	《平凡的世界》《巴黎圣母院》《牛虻》《哈姆雷特》		

第三章　分级书目简录

第一节　一二年级书目简录

1.《三字经》

2.《弟子规》

3.《日有所诵》

4.《千字文》

5.《百家姓》

6.《声律启蒙》

7.《小学生必背古诗词100首》

8.《笠翁对韵》

9.《中华经典素读范本》

10.《中华童谣》

11.《猜猜我有多爱你》

12.《逃家的小兔》

13.《可爱的鼠小弟》

14.《鳄鱼怕怕牙医怕怕》

15.《爷爷一定有办法》

16.《杨红樱童话系列》

17.《丁丁历险记》

18.《比得兔的世界》

19.《米小圈上学记》

20.《漫画孙子兵法》

21.《淘气包马小跳》

22.《父与子》

23.《上学就看·熊爸爸幽默童话》

24.《蓝猫刨根 3000 问》

25.《动物世界大百科》

26.《巨眼丛书》

27.《小心大发明》

28.《一粒种子的旅行》

29.《趣味科普立体书：太空》

30.《三只松鼠奇幻冒险贴纸书》

31.《儿童色铅笔基础入门》

32.《培养孩子从画画开始》

33.《折纸大全书手工》

34.《125 游戏提升孩子专注力》

35.《哈佛给学生做的 1400 个思维游戏》

36.《李昌镐儿童围棋课堂初级篇》

37.《天天数独竞赛教学版》

38.《小红花脑筋急转弯》

39.《培养超级神童的 1000 个思维游戏》

40.《给儿童的物理科学书》

41.《谜语三百首》

第二节　三年级书目简录

1.《金波儿童诗选》

2.《稻草人》

3.《封神演义》

4.《故乡的桂花雨》

5.《让孩子着迷的77×2个经典科学游戏》

6.《十万个为什么》

7.《奇妙的数王国》

8.《科幻故事大世界·天外来客》

9.《郑渊洁童话系列》

10.《绿野仙踪》

11.《爱丽丝漫游奇境记》

12.《中国民间故事》

13.《亲爱的汉修先生》

14.《乌丢丢的奇遇》

15.《怪老头儿》

16.《草房子》

17.《宝葫芦的秘密》

18.《安徒生童话》

第三节 四年级书目简录

1.《秋风娃娃》

2.《徐悲鸿作品集》

3.《司马光的故事》

4.《童第周的故事》

5.《李时珍的故事》

6.《珍珠鸟》

7.《海燕》

8.《筷子》

9.《三国演义》

10.《西游记》

11.《科学家故事100个》

12.《高士其科普童话》

13.《海底两万里》

14.《金牌数独》

15.《淘气包马小跳系列》

16.《大林和小林》

17.《长腿叔叔》

18.《吹牛大王历险记》

19.《木偶奇遇记》

20.《格列佛游记》

21.《汤姆·索亚历险记》

22.《长袜子皮皮》

23.《我要做好孩子》

24.《中外名人故事》

25.《百家姓》

26.《千字文》

27.《神童诗》

28.《三字经》

29.《弟子规》

30.《名贤集》

31.《笠翁对韵》

32.《增广贤文》

33.《声律启蒙》

34.《朱子家训》

第四节　五年级书目简录

1.《我的大学》

2.《昆虫记》

3.《中国神话故事》

4.《父与子》

5.《最好的时光在路上》

6.《诺贝尔》

7.《水浒传》

8.《朝花夕拾》

9.《假如给我三天光明》

10.《神秘的金字塔》

11.《呼兰河传》

12.《拉贝日记》

13.《丛林故事》

14.《青铜葵花》

15.《寄小读者》

16.《我的妈妈是精灵》

17.《银色大地的传说》

18.《菲斯的秘密》

19.《七号梦工厂》

20.《汤姆大叔的小屋》

21.《荷花镇的早市》

22.《杜立德医生》

23.《上下五千年》

24.《天方夜谭》

25.《草房子》

26.《少年军事百科通》

27.《市场街最后一站》

28.《西游记》

29.《史记故事》

30.《城南旧事》

31.《小学生必背古诗词100首》

第五节 六年级书目简录

1.《冰心儿童文学新作获奖丛书》

2.《俗世奇人》

3.《失落的一角》

4.《鲁滨孙漂流记》

5.《新月集》

6.《三国演义》

7.《简·爱》

8.《柳林风声》

9.《赵丽宏散文精选》

10.《古代诗书与圣贤者故事》

11.《巴黎圣母院》

12.《森林报》

13.《大侦探小卡莱》

14.《写给孩子的哲学启蒙书》

15.《听爸爸讲宇宙故事》

16.《根鸟》

17.《西顿动物故事集》

18.《青少年军事博览——开国元勋》

19.《想念梅姨》

20.《希腊神话故事》

21.《科学改变人类的一百个瞬间》

22.《伐木者醒来》

23.《名侦探柯南》

第六节　七年级书目简录

1.《朝花夕拾》

2.《我的遥远的清平湾》

3.《张晓风散文选》

4.《白洋淀纪事》

5.《沈石溪动物小说选》

6.《西游记》

7.《人类的群星闪耀时》

8.《骆驼祥子》

9.《少年维特之烦恼》

10.《中国当代名家散文选》

11.《吾国与吾民》

12.《国学常识》

13.《时间奥秘》

14.《中华五千年史话》

15.《天方夜谭》

16.《海底两万里》

17.《孔子传》

18.《从一到无穷大：科学中的事实与臆测》

19.《超越梦想：激励你一生的名人励志故事》

20.《射雕英雄传》

21.《林肯传》

22.《湘行散记》

23.《三位大师》

24.《红岩》

25.《NBA 光荣之路》

26.《纳尔齐斯与歌尔德蒙》

27.《麦田里的守望者》

28.《棋王》

29.《科学也疯狂》

30.《黑猩猩在召唤》

31.《世说新语》

32.《国文必读古诗100首》

第七节　八年级书目简录

1.《通讯名作100篇》

2.《普利策新闻奖获奖作品》

3.《鲁迅作品选》

4.《朱自清散文名作》

5.《茅盾作品精选》

6.《昆虫记》

7.《红星照耀中国》

8.《钢铁是怎样炼成的》

9.《马克·吐温小说精选》

10.《我们仨》

11.《中国现代话剧经典精选》

12.《儒林外史》

13.《契诃夫小说选》

14.《水浒传》

15.《50位影响世界的名人简介》

16.《中国最美的20个地方》

17.《说园》

18.《中国红》系列丛书

19.《诺顿星图手册》

20.《希腊神话选》

21.《外国戏剧精选》

22.《福尔摩斯探案集》

23.《几米漫画》丛书

24.《中外历史大事记》

25.《边城》

26.《窦娥冤》

27.《聊斋志异》

28.《世界名人演讲精选》

29.《老舍文选》

30.《天龙八部》

31.《红楼梦》

32.《中小学生必读法律常识》

33.《苏菲的世界》

34.《50部中外名著快读》

35.《中国百科全书》

36.《三棋知识大略》

37.《史记》

38.《苏东坡诗词选》

39.《颜氏家训》

40.《韩愈散文选》

41.《孟子》

42.《唐诗精选100首》

43.《汉乐府》

44.《诗经》

45.《论语》

第八节　九年级书目简录

1.《傅雷家书》

2.《狂人日记》

3.《草房子》

4.《菲菲小姐》

5.《培根随笔》

6.《水浒传》

7.《红楼梦》

8.《史记》

9.《荆轲刺秦王》

10.《陈情表》

11.《大堰河》

12.《双桅船》

13.《望舒草》

14.《格列佛游记》

15.《哈姆雷特》

16.《音乐之声》

17.《孟子》

18.《〈庄子·内篇〉精读》

19.《左传》

20.《战国策》

21.《诗经·国风》

22.《徐志摩诗精选》

23.《朦胧诗精选》

24.《曾国藩家书》

25.《人性的弱点》

26.《三十六计》

27.《话说中国·春秋巨人》

28.《巴黎圣母院》

29.《儒林外史》

30.《女神》

31.《舒婷诗精选》

32.《契诃夫小说选》

33.《简·爱》

34.《罗密欧与朱丽叶》

35.《雷雨》

36.《老人与海》

37.《红楼梦》

38.《平凡的世界》

39.《牛虻》

40.《毛泽东诗词精选》

41.《泰戈尔诗选》

42.《国文必读古诗100首》

43.《国文必读古词曲100阕》

44.《国文必读古文100篇》

第四章　阅读实践

第一节　电子阅读常态化

为打造书香校园，合肥市江淮学校与国文科技公司联合推出的"E-ink电子图书馆"自2016年9月正式建成启用。

建设学校电子阅览室，可以向师生提供多种媒体形式的知识类型，为师生提供更多的学习资源和学习方式，从而大大扩展图书馆的服务功能范围。学校图书馆电子阅览室的建设已经成为学校图书馆建设的一个重要内容。

基于E-ink电纸书终端的中小学移动数字图书馆，已在浙江、重庆等地使用，获得多方面的好评和中小学生的追捧。江淮学校本次引用的为E-ink的电子墨水技术，这也是全球公认的健康环保阅读技术。它本身不发光，模仿纸张喷墨印刷的原理，秉着保护学生视力的原则，每一次翻页，电流驱动黑色离子在基版上形成文字和图像。阅读原理接近纸张；阅读过程中终端屏幕无辐射；翻页时才用电。能耗极低，充电一次，待机一个月左右，适合学校学生使用。

鉴于电纸书的种种优势，为学生提供多样化的阅读方式，江淮学校自本学期开始在全校开展电子阅读活动，并将此阅读项目纳入校本课程，充分保证每个学生都能拥有电子阅读的机会，与信息技术亲密接触，使江淮学校"书香校园"工程再上新台阶！

玩不了游戏，看不了视频，让家长放心；云端可以提供学生、班级和学校的阅读和图书馆使用情况；完善的统计，在线生成图形报表，让老师和教育管理者省力、满意。通过创新技术的运用，有力推进了学校的"书香校园"建设，提高了学生的读书兴趣，促进了阅读的成效。

合肥市江淮学校"E-ink电子图书馆"，每周每班一节"电子阅读"课程，由各班语文老师授课，下课检查并确保电子阅读设备关机，各班严格遵守电子图书馆阅读制度。

该活动得到媒体报道：

之一：人民网2016年12月2日《合肥中小学生首用"E-ink电纸书图书馆"：看书多少老师后台可掌握》。

之二：新华网2016年12月2日《教育专用E-ink项目在合肥市江淮学校启用》。

之三：中安在线2016年12月1日《基于E-ink电纸书终端的中小学数字图书馆在江淮学校启用》。

附：

合肥中小学生首用"E-ink电纸书图书馆"：
看书多少老师后台可掌握

人民网合肥12月2日电（李家林）　一本包含了新课标中小学各阶段必读书目、专家筛选的共约3000册图书的E-ink电子阅读器，让中小学生爱不释手。日前，由杭州国文科技有限公司携手中国教育科学出版社等单位联合推出"基于E-ink电纸书终端的中小学移动数字图书馆"面市，并在安徽等地试用。

12月1日下午，人民网安徽频道在合肥50中分校江淮学校的阅览室里看到，学生们对轻便靓丽的电子阅读器很有兴趣。里面不仅有图书馆无法包罗的更多内容，还有老师安排拷贝到里面的阅读学习资料。

据悉，该款电子阅读器内置阅读状况智能采集模块，通过云平台可以看每个终端的阅读情况，包括下载阅读图书的数量、对每本书阅读认真程度。班级、学校阅读最多的同学，被阅读最多的图书等，均可直接用图表的形式展现统计结果。而对尊重青少年的阅读隐私方面，产品与系统也有考虑：对中小学生自行阅读图书不作数据采集与统计。

"玩不了游戏看不了视频，让家长放心；云端可以提供学生、班级和学校的阅读和图书馆使用情况；完善的统计，在线生成图形报表，让老师和教育管理者省力、满意。"江淮学校校长张曙认为，通过创新技术的运用，有力推进了学校的"书香校园"建设，提高了学生的读书兴趣，促进了阅读的成效。

据悉，以E-ink为代表的电子墨水技术是全球公认的健康环保阅读技术，它本身不发光，模仿纸张喷墨印刷的原理，每一次翻页，电流驱动黑色离子在基版上形成文字和图像。阅读原理接近纸张，阅读过程中终端屏幕无辐射，翻页时才用电。能耗极低，充电一次，待机一个月左右。

杭州国文公司总经理、国际E-ink类产品研发制造权威秦玉香介绍，"E-ink数字图书馆"内容和互联网云端服务支撑系统属国内首创产品。其内容和功能建设与中国教育科学出版社等权威机构合作完成。内容平台包括中小学必读图书，专家筛选的包含3000册学生常用图书库。内嵌全球最大的中文资源电商平台当当书城，并与当当网合作开发了借阅、阅读计划管理、原创文学导入等功能。管理系统通过无线互联网收集终端阅读智能采集到的阅读数据，提供空中升级，摘要笔记等上传，个人阅读情况记录管理等。结合终端数据采集与大数据处理，可以提供每个学生、班级和学校阅读情况以及图书馆使用情况统计，在线生成图形报表，一目了然。

据悉，包括阅读终端的"E-ink 中小学数字图书馆系统"已通过中央电教馆检测评审，获得进入中国教育装备的认证和推荐。

（来源：人民网–安徽频道）

第二节 读书月点燃师生读书热情

4月23日是世界读书日。世界读书日全称"世界图书与版权日"，又译"世界图书日"。1955年正式确定每年4月23日为世界图书日，设立的目的是推动更多的人去阅读和写作。希望散居在世界各地的人，无论你是年老还是年轻，无论你是贫穷还是富裕，无论你是患病还是健康，都能享受阅读的乐趣，都能尊重和感谢为人类文明做出过巨大贡献的文学、文化、科学、思想大师们，都能保护知识的产权。为了鼓励江淮学校广大师生发现读书的乐趣，在世界读书日到来之际，江淮学校积极开展读书月系列活动。

活动目的：打造书香校园，引导和组织教师学生读书，丰富知识，培养和提高师生的人文素养，使全校师生热爱读书，养成良好的读书习惯，掌握良好的读书方法。

活动主题：江淮四月天，芳菲读书月。

活动内容：

一、教师读书活动

1.原创一篇文章。

2.读一本书。

推荐书单：

《课程改革与教师的信息素养》

《21世纪学生发展核心素养》

《北京四中8班的教育奇迹》

《第56号教室的奇迹》

《中国最美语文》

《教室里的电影院》

《在唐诗里孤独漫步》

《温和地走进宋词的凉夜》

《家校沟通，没有痛过你不会懂》

《故事知道怎么办》

3.上传一篇读后感。

4.搭建一个展示平台。

5.每人推荐一本好书（教学类或非教学类皆可），并附上100字左右的推荐理由。

二、学生读书活动

1.开展主题班会活动。

3月27日（周一）各班举行主题为"世界读书日""我爱阅读""书香校园"的班队活动，向学生宣传读书月活动方案，并鼓励学生踊跃参加读书月系列活动。（1~8年级）

2.办好一期读书月专题黑板报。

3月底各班以"世界读书日""我爱阅读""书香校园"为关键词出一期关于读书月的黑板报，营造读书月气氛，培养学生读书的兴趣。（1~8年级）

3.亲子阅读。

小学一至二年级班主任在班级里布置阅读月家长与孩子共读一本书，并请家长将与孩子一起读书的感受和照片发在朋友圈，家长截图传给班主任，每班挑选出优秀的亲子阅读者三名，学校颁发亲子阅读奖项。

4.学生读书积累要求。

1年级每周背诵1首古诗；2年级每周背诵2首古诗；3年级每周背诵3首古诗+1句名言；4年级每周背诵3首古诗+2句名言；

5、6年级每周背诵3首古诗+2句名言+1个文段；7、8年级每周背诵2首古诗+3个名言+2个文段。古诗，名言，文段内容由各班语文老师自行决定。

5.朗诵比赛。

设立一等奖6名，二等奖6名，三等奖6名，挑选优秀选手参加蜀山区朗诵比赛。

6.讲故事比赛。

设立一等奖6名，二等奖6名，三等奖6名，挑选优秀选手参加蜀山区讲故事比赛。

三、系列活动纪实

之一：家校携手走近国学，感悟传统文化魅力。

之二：江淮四月天，芳菲读书月——阅读月之主题班会活动。

之三："我爱阅读"黑板报评比。

之四：亲子同阅读，你我共成长。

之五："江淮四月天，芳菲读书月"之朗诵比赛。

之六：讲故事比赛。

附：读书月清单

4月份	教 师	学 生
第1周	原创一篇文章	开展主题班会 出一期主题黑板报
第2周	读一本教育专著	朗诵比赛 名家读书讲座
第3周	推荐一本好书	讲故事比赛 新动态英语阅读进校园
第4周	上传一篇读后感 搭建一个展示平台	班级读书交流会 读书创作活动

第三节　阅读达人秀

为了进一步倡导阅读风尚，丰富学生的校园生活，培养学生良好的读书习惯，激励学生多读书、读好书、会读书，让阅读伴随师生共同成长。江淮学校特开展"阅读达人秀"活动。

具体步骤：

一、班级初选

每班评选出1至2名阅读达人（至少1名）。

选手可将自我照片及个人简介、课外阅读书目用PPT呈现，也可将自我介绍及课外阅读书目以微视频的形式展示。

选手上场后，3~5分钟的演讲，介绍自己最喜欢的一本课外书。（注：介绍时注意要说明姓名、年龄、班级、课外书名称、课外书简介、喜欢该课外书的原因、读该本书的感想。）

二、演讲要求

演讲内容：要求演讲内容紧扣主题，主题鲜明、深刻，格调积极向上，语言自然流畅，富有真情实感。

语言表达：要求脱稿演讲，声音洪亮，口齿清晰，普通话标准，语速适当，表达流畅，激情昂扬。

形象风度：要求衣着整洁，仪态端庄大方，举止自然、得体，体现朝气蓬勃的精神风貌；上下场致意，答谢。

综合印象：由评委根据演讲选手的临场表现作出综合演讲素质的评价。

三、人员安排

1—6年级每班选取5名学生和3名家长（包含参赛选手家长在内）做观众。

四、抽签

五、决赛

六、颁奖

附新闻报道：

江淮学校举行"悦读"系列活动之"阅读达人秀"

为了进一步倡导阅读风尚，丰富学生的校园生活，培养学生良好的读书习惯，激励学生多读书、读好书、会读书，让阅读伴随师生共同成长。4月17日下午，合肥市江淮学校一至六年级举行了"悦读"系列活动之"阅读达人秀"活动。

比赛中各位参赛选手表现落落大方，语言生动有趣，声情并茂，故事内容有声有色，丰富有趣，塑造出了一个个生动而又鲜

明的角色。前来参观的家长们也沉浸其中，享受着孩子们阅读成长的快乐。参赛者的精彩讲述将大家带入了一个又一个美妙的世界，引发了热烈的掌声和喝彩声。这些有趣的故事，有的让学生品悟了道理，有的让学生认识了新鲜事物，有的让学生感受到了快乐。最后，经过评委们的认真评选，当场将低、高年级分别评选出一、二、三等奖，为本次比赛画上了圆满的句号。

此次比赛活动，不仅激发学生对书籍的热爱之情，还拓展着学生们的阅读视野，历练着他们的口语表达。目睹着他人的精彩，成长着自己的自信……每名学生的心中都盛开着梦想和希望的花。

（文/朱军妮）

第四节　经典诵读

为了让学生更好地诵读国学经典诗文，弘扬祖国优秀的传统文化，度过一个快乐而有意义的六一儿童节，合肥市江淮学校开展"创建新优质　圆梦大江淮"经典诵读比赛。

一、活动准备

一到八年级各班准备一个经典诵读节目，时间不宜超过六分钟。配乐于5月25日前提交到大队部。

二、活动流程

比赛前抽签决定出场次序，以班级为单位参赛，要求全班不少于半数学生参加，着装统一。

自备经典诗文诵读，配乐、服装和道具；形式由各班自行安排。

评委打分并评出名次，颁奖。

三、评分标准

比赛采取100分制。

作品内容（10分）：选材内容符合比赛要求，具有一定的教育意义，爱国主题。

节目形式（20分）：形式灵活新颖，令人耳目一新，配乐与所朗诵篇章意境吻合,节奏和谐。

语言技巧（40分）：普通话标准，发音准确，吐字清晰，语言流畅，语速得当。

临场表现（30分）：服装整齐，准备充分，体态语适当，表演到位，台风大方，感情充沛，感染力强，现场效果好。

四、人员安排

五、奖项设置

六、活动剪影

七、比赛结果

八、媒体报道

孙郎平撰写《江淮学校开展"诵读经典传承文明颂扬美德"经典诵读展评》。

附比赛节目单：

节目单

	节目	表演单位
1	《围棋少年》	一（2）班
2	《我长大了》	二（1）班
3	《厉害了，我的国》	四（1）班
4	《长江之歌》	六（1）班
5	《边塞古韵美，大漠苍茫情》	四（3）班
6	《望月遐想》	一（1）班
7	《六盘山＋娄山关＋长征》	五（1）班
8	《水调歌头.明月几时有》	七（2）班
9	《长征魂》	四（2）班
10	《铿锵铁马怒杀敌，精忠报国无悔意》	八（1）班
11	《弘扬正能量，争做好少年》	三（2）班
12	《青春中国》	八（2）班
13	《中国少年说》	三（3）班
14	《中华少年》	六（2）班
15	《毛泽东诗词》	二（3）班
16	《三字经》	二（2）班
17	《满江红》	五（3）班
18	《沁园春·雪》	三（1）班
19	《木兰辞》	五（2）班
20	《沁园春·雪》	一（3）班
21	《国殇》	七（1）班
22	黄梅小调连连唱	梨园社团

第五节　读书交流会
——优质资源与挂牌学校同分享

2018年1月19日，合肥市教科院专家领导与金星闪名师工作室全体成员齐聚江淮学校五楼会议室，别开生面的"金星闪名师工作室读书交流会暨年度考核"活动在这里隆重召开。

合肥市教科院初中语文教研员吴申道老师、经开区教体局名师工作室负责人陈维严和江淮学校校长张曙出席本次活动。蜀山区、庐江县部分初中语文骨干教师前来观摩指导。会议由蜀山区教体局教研室刘文芬老师主持。

活动第一项议程是工作室成员进行读书交流。所有成员依次轮流上台进行读书汇报交流。他们有的选择的是教育专业类的理论书目，有的选择文史哲方面的论著，有的选择文学休闲作品。交流过程中，他们或重点介绍图书内容，或畅谈读后感受，或结合生活谈体验。

市教科院初中语文教研员、名师工作室领导组负责人吴申道老师进行了短暂而精辟的点评。吴老师肯定了金星闪工作室开展这个活动的意义，并且明确指出，语文老师就该不断学习，在大量的阅读中丰富自己的学养，积淀自己的阅历，做学生学习的引路人。

随后，金星闪老师重点做了"2017年度金星闪名师工作室总结报告"。最后由评估专家、领导为工作室成员颁发聘书。本次活动还对金星闪工作室每位成员进行了考核。

教师读书报告精选：

此中有真意，欲辨已忘言
——读骆玉明《诗里特别有禅》有感
合肥市金星闪名师工作室　郭晓媛

　　最深刻的哲学与最美丽的文字，在这本书里就这样相遇了，似乎是偶然，又其实是必然，因为诚如书名所言：《诗里特别有禅》。

　　书的封面如是：远山葱郁层叠，近前一叶扁舟，余处皆是留白。再仔细看，苍翠里隐隐还藏着几树繁花，静默而不张扬。小舟上独坐一人，没有同伴，没有桨，甚至连倒影都没有，当然似乎更没有方向。也许是编者理解了作者的意味，这样的设计很是有种"行到水穷处，坐看云起时"的意味。

　　人生究竟是什么？很多的时候，我们抬起脚便走，其实，那是因为我们根本不知道方向在哪里。我们看到了万物，但万物只是万物而已，与我们的生命似乎并没有什么关系。我们努力用忙碌塞满我们的生活，但究竟这一切是为了什么，我们自己也并不了然。只有在夜深人静之时，我们才有片刻与自己独处，才会细细思索：我们寻觅的那一方天地究竟是在哪里？不论思索的结果是什么，似乎新的一天到来之时，我们又开始新的一轮忙碌，新的一轮寻觅。过去的一年，对我来说，就是这样一个忙碌又困顿的一年，幸好，此时我遇见了它——《诗里特别有禅》。

读它是因为，我想去找一个答案，虽然我甚至并不清楚我的问题是什么。读完之后，我发现，我想找的并没有找到，也许可以将这个结果定义为：一无所获。读完之后，我发现，我已经没有那么在意所谓的答案了，"满船空载明月归"，现实中的问题其实并没有解决，甚至还产生了新的问题，但是，内心却已经是平和而欢喜的，这就应该是我读此书最大的也最重要的收获了。

用对古典诗词的解析，来引导我们在真实与虚幻之间，体味云卷云舒、花开花落之间蕴含的深奥禅机。放下心里那点执念，自然"掬水月在手"。如此，我辈何用去苦苦追索，目光所及皆有风景。所以，我们看到的万物不只是万物，而是我们的心，天地自在心间，大约"看山不是山，看水不是水"就是这样的境界了吧。

诗人的心思最是细腻。从诗人的视角，看自然，却原来俯仰天地，"千江有水千江月，万里无云万里天"。这世间或者荡气回肠，或者清润悠扬，或者九转百回，或者浅吟低唱。但也许真有那么一天，不因世事的起起落落，只因一朵花，发自内心的微笑。自然的往复更迭不曾有变，变化的是我们的目光——看山还是山，看水还是水。或者，我们也并不需要去苛求自己一定达到这样喜乐的境界，就做一个像作者骆玉明先生那样的俗人也好：

教书吃饭，喜欢孩子。

读完这本书，我好像看到了很多，但对于"禅"，我仍然觉得不可企及。搜肠刮肚，似乎觉得只记住了书中描述的一千多年前，陶渊明在晚霞的映照下，目光无意中与山岚相遇的美好境界，却无法用言语准确表达。"此中有真意，欲辨已忘言"，纵横千古，也许无论是隐居的诗人陶渊明，还是现世的学者骆玉明，都不愿意给出一个明确的答案，因为那已经不是最重要的了。

所以，很多的时候，我们需要抬起脚就走，无需在意方向在哪里。因为前行本就是一个方向。珍惜眼前的每一个相遇，因为，此生的每一个瞬间都只有一次的机会而已。所以，或者"禅"也并没有多么神秘，平凡细琐中自然有禅意。迷茫的时候，不妨停下脚步，去赏清风朗月，去听一曲歌，或者去读一首美丽的诗——因为诗里特别有禅。

解开文本的心灵密码

合肥市金星闪名师工作室　朱曼云

学习了《听王君讲经典名篇》的散文教学专著，最深的感受是王君老师文本细读的功底深厚。她善于在整体阅读的基础上，抓住关键词句，深入剖析文本。把未经作者加工的原生的现象通过想象、朗读、补白故事内容等方法还原出来，找到分析的突破口。她能完全打开自己的心灵，联系写作背景，联系自身生活体验，把文本解读与师生的生命存在联系起来，和学生一起去解开文本的心灵密码。

王荣生教授说："改善语文教学，重点在教学内容。就阅读教学来说，合适的教学内容，取决于教师的文本解读。"对语文老师来说，解读教材的重要性毋庸置疑。但现代网络技术的普及，使得许多教师缺少了独立解读文本的细心与耐心，习惯了依赖网络和教参进行教学设计，选择教学方法，照搬现成的"教材分析"。没有对文本的触摸，没有对文字的咀嚼，长此以往，语文教师解读教材的能力就会丧失殆尽。为使教学精益求精，教师应当做到全面细致地进行文本解读，接下来我就说说对文本细读的感受。

第一步：整体感知，主观了解主旨的大概。

王君老师往往通过巧妙设问，帮助学生用较短的时间整体把握文本内容。如她执教《老王》，首先发问："请思考，哪一个词语最深刻地告诉了我们老王的生存状态？"学生很快抓住了"活命"一词，然后就由这个词切入，贯穿了后面由浅入深的解读。整体感悟有深浅之别。感觉到了的不一定能理解，感受是需要深化、准确化的。

第二步：抓关键词，还原情景，比较分析。

作者往往会紧扣人、事、物、景的特点，创设情景，用饱含情感的词语贴切表现其神韵及内心感悟，以唤醒读者已有的经验，与读者产生共鸣。王君老师善于发现文章字词句段、标点修辞上的亮点，并且将自己解读到的亮点变成课堂上学生学习的着眼点。她总是想方设法让饱含情感的词语复活,激活内心世界的想象，把时时刻刻在流失的感觉唤醒，从而把感情唤醒，理解作者心灵颤动的韵律，把文本当中潜在的人文精神分析出来。如王君老师执教的《散步》，就抓住了"我们""田野""散步"几个关键词，深入文本，用加一加、换一换、比一比等方法，"得到了那些打开生命密码的钥匙"。《老王》中抓住"活命"一词切入文本，再通过师生五次诵读表演还原情景，并适时联系写作的时代背景和作者当时的真实处境，对文本作延伸性阅读，使学生能设身处地的感受老王和杨绛的"活命"状态，帮助学生慢慢沉入词语中，渐渐读懂"那是一个幸运的人对一个不幸者的愧怍"的内涵。

第三步：联系实际，把文本解读与师生的生命存在联系起来。

文本的核心是语言，细读要通过对语言的理解走进作品的艺术世界，与作品对话，与作者对话。所谓还原，不仅仅是文本的还原，而且还是人的还原，性灵的还原。王君老师善于结合自己的生命体验去作独特的领悟、探索和发现。从学生的已知中揭示未知，指出他们感觉和理解上的盲点，将已知转化为未知，再揭示深刻的奥秘，让他们恍然大悟。如王君老师执教《背影》，联系自己与父母相处的生活体验，使学生更能读懂微妙的父子关系和深沉的父子之情，并得到深刻的启示。如《散步》一课，王君老师让学生为"妻子"设计一句话，可谓神来之笔。推敲语言的过程，就是深入探讨人物内心世界的过程。学生设身处地的换位思考，紧扣文本，言之有据，真切体会到"妻子"的贤惠和不易。教师在与文本"接触"的过程中，"读"出意义，然后回到课堂带着学生一起去建构，学生对文本的认知与重建，就超越了文本的表层，生成了学生的"意义"。

进行深入的文本分析，还要打开自己的心灵，去教参之蔽、去他人言论之蔽，让情感体验获得解放和自由。这样才能在品析的过程中有效抵达文本与师生生命、社会生活的共鸣。巴金老人说："我们有一个丰富的文学宝库，那就是多少代作家留下的杰作，它们教育我们，鼓励我们，要我们变得更好，更纯洁，更善良，对别人更有用。文学的目的就是要人变得更好。"文本细读，相遇的不光是语言文字，更是多少代作家的精神。读王君老师的书，就是与一个个高尚的灵魂促膝而谈，就是一次次高尚的精神洗礼、心灵享受。

毕飞宇短篇小说中的乡村看客形象分析

合肥市金星闪名师工作室　姚蕾

乡村看客形象在鲁迅的短篇中经常出现，无论是鲁镇上围绕在祥林嫂身边欣赏她失去儿子痛苦的人们，还是未庄里欺软怕硬拿弱小者开涮的乡民们，都呈现出人的本性中自私愚昧、冷酷善妒以及从别人的痛苦中获得成就感和满足感的一面！毕飞宇继承了鲁迅对乡民劣根性书写的传统，在新的时代环境下，又赋予其新的社会内容。

《枸杞子》中，父亲到城里用一筐枸杞换来了一把手电，引起了巨大的轰动，"村里人都说，我们家买了把手电，一家子眼睛都像通了电"，傍晚来临时，村民们都聚集到了"我"家里，为的就是一睹手电的风采，但谁也不点破，最后人们好奇猜疑的目光在母亲关闭手电的一刹那消失了，这充分体现了他们身上爱看新鲜、爱凑热闹的性格特征。这里的乡村看客毕竟还停留在娱乐别人的层面。《阿木的婚事》中的这类形象已经上升到伤害别人的层面。阿木是一个天生的痴呆儿，但他的不幸遭遇非但没有引起乡邻们的同情，反而让花狗、明亮之流找到了娱乐生活的最佳途径。阿木婚礼的当天，人们纷纷猜测："林瑶的面部绝对有一到三处的致命伤，诸如独眼、翘天鼻、兔唇，再不就是刀疤。否则没有道理。"为能看到新娘的真面目，花狗故意打翻陪嫁的木箱，大家发现，新娘虽然不美，但五官整齐，这个发现让在场的人既失望又嫉妒。不幸的是，秘密很快被发现了，这个说话文雅、身段修长的女人原来也是个痴呆，于是，村里又增加了一个娱乐项目，那就是打听林瑶与阿木之间的私事，人们循循善诱、连哄带骗地指导着阿木进行表演，在观赏中，看客们心理上得到了极大的满足。最终，花狗的一句调侃，让阿木痴病发作，失手杀死了自己的妻子，原本幸福美满的家庭走向毁灭!《哺乳期的女人》中，毕飞宇描写的同样是一场血腥的集体谋杀，只不过对象从痴呆换成了儿童。旺旺这个"物质时代的孤独者"因为渴望母爱做出的行为，在断桥镇的人们眼里，变成了耍流氓，这些无聊的看客以己度人，用成人的邪恶眼光来看待这件事情，他们一方面义正词严地批评旺旺，一方面又带着新奇、愉快的心情拿蕙嫂开玩笑，旺旺在全镇人的舆论压力下，日渐消瘦和沉默。

可以说，看客形象是扎根于中国特定文化土壤中的一类人群，这类形象的塑造一直延伸到作者的中长篇创作中，是毕氏小说对鲁迅先生看客形象刻画的继承和发展。由于生存环境的差异和时代背景的变迁，二者笔下的这类形象群有着各自的特点，在毕飞宇的笔下，他们大多生活在偏僻的乡村和城镇，封闭的生活环境，穷匮的物质条件，麻木的精神状态，为这类形象的滋生提供了肥沃的土壤，乡村生活的随意性、敞开度又为这个群体寻找"故事"带来了便利。他们既是悲剧的制造者，又是悲剧的受益者，靠口耳相传这种原始的信息传播方式，他们玷污了无数纯洁的心灵和扼杀了许多美好的生命，谱写了一曲曲乡村哀歌。这群"看客"以刺探别人的隐私为嗜好，以践踏别人的尊严为乐趣，用别人的痛苦和不幸来装点自己平淡的生活，只为获得一时的刺激和满足。他们愚钝、残忍而又不自知的状态，让人感到既可气又可笑，既可悲又可叹!

毕飞宇在塑造这类形象时，颠覆了以往精英分子在小说创作中以同情的眼光看待农民、以诗意的笔调歌颂乡村生活的传统，用客观中立的态度去描写他们的喜与悲、笑与泪、麻木与愚昧、残忍与狡诈，客观写实的风格令人不禁为之动容!

《南渡北归》读后感

合肥市金星闪名师工作室　邢凤

　　《南渡北归》是岳南先生的力作，是一部全景再现中国最后一批大师群体命运剧烈变迁的史诗巨著。最初知道这本书是源于特级教师李镇西的推荐。我从去年暑假开始阅读，已经读过几个月了。这套书一共有三册，170余万字，分别是《南渡》《北归》《离别》。阅读的过程中，叩击心门的地方实在太多，书的内容也像是深入自己的灵魂，一幅幅、一幕幕，我就像是坐在了电影院宽银幕的前面，眼睁睁地看着日本人的炮火炸毁了家园，大师们在敌人的炮火下，逃生、喘息、争斗、坚忍、奋进。

　　过去几个月了，遗忘了一些，也沉淀了一些，现在就挥之不去的感想，做一番记载。

　　首先，谈谈印象深刻的一些大师。

　　第一个，当是傅斯年。山东聊城人，名门之后，参加过"五四"运动，后赴欧留学，归国后一直是中国文人的领袖。在动乱年代，他挽救了大批的中国文人，也挽救了大批的中国文化，特别是殷墟甲骨文化。他，性情豪爽、明辨事非，有大智慧、大气概，绝不迂腐，说话办事大有气吞山河之势，胡适评之"人间最稀有的天才"，当是有感而发。抗战期间，他力主史语所南迁四川李庄镇，保住了史语所的有生力量；先后弹劾孔祥熙、宋子文，以国民参政议员身份赶走两位行政院长；对汉奸周作人深恶痛绝，坚决要求法办。这些都足见一名文人领袖的社会良知和正义秉性。他，对友真诚，想方设法保障文化同仁的生活，接济当时生活窘迫的梁思成、林徽因一家，向上级争取资金为陈寅恪治疗眼病，而自己就在去世的前一夜，还在赶写稿子，想挣点稿费换身西装，看到他终其所言"归骨于田横之岛"时，怎能不令人扼腕长叹、唏嘘不已。山东有这一豪杰，当是山东人之骄傲，傅斯年者，当是山东人之最优秀的代表。

第二个当是陈寅恪。他一出场就仿佛是不食人间烟火，占据了中国文化的最高端，他对中国历史熟稔，诗词精通，曾求学于美、德，精通八国语言，可谓中西贯通，在当时的确是"塔尖"式的人物，年少成名，虽并没有学历，仍被清华聘为导师，与王国维、梁启超、赵元任同称清华四大国学大师，时年36岁。其祖父陈宝箴曾任湖南巡抚，其父陈三立是"清末四公子"之一、著名诗人，亦是名门之后，家学渊源。但是，时事变迁、好景不长，自从卢沟桥事变之后，他就开始了颠沛流离的一生，虽笔耕不辍，但终究是一悲剧式的人物。他又是中国文人的典型代表，有救国使命，有文人志气，有隐士情怀，好在盛名之下，几次危机都得以险过。

第三个是郭沫若。对他不是敬佩，而是思考，一文人政客，有功绩，有投机，我们熟悉的人物，也有其不为人知的另一面。郭沫若年轻时就热衷政治，南昌起义失败后，避难日本，期间曾向史语所借甲骨以作研究，傅斯年出于对流亡文人的鼓励，慷慨借给他，但同时声明这些甲骨还未作研究，不可以此发表文章，可不久郭就发表了研究甲骨文的著述，大量引用了史语所的甲骨素材，令傅斯年震怒，以致有了"井绳"情节，从此甲骨概不外借。虽然，郭在甲骨文方面的研究不全仗于此，其成果也被世人认可，后称"甲骨四堂"之一（郭沫若字鼎堂），但这段历史当是不争的事实。另外，网络也有其生活作风方面的文章，后人对其自是褒贬不一。

第四个当是林徽因。年轻时的林徽因，可谓风华绝代、朝气蓬勃，与梁思成结婚后，"太太的客厅"一度吸纳了众多文人骚客，大家在一起品酒饮茶、共论时事、畅叙友情，真是人间一乐事。林徽因无疑是充满魅力的，众所周知的徐志摩对她的疯狂追求和金岳霖对她的一生痴情，仍为今人津津乐道。特别是金岳霖为其痴守一生，那时在李庄镇逃避飞机轰炸时，随身箱子里装的都是金、林之间的书信。林曾向梁坦言，自己同时喜欢上了另一个男人，梁辗转一宿，决定让林于金，奈何金感佩于梁的品格，没有答应。但是，他们一直生活在一起，后来梁、林故去，其子梁从诚为金养老送终。我常想，这些事、这些感情是怎样一回事，它们甚至有悖于常理下的爱情和亲情，但是它们为什么又让我们感动和回味，我想那肯定就是人性的光辉或者善良人性的本质。

另外，印象深刻的人物还有好多，比如胡适、王国维、闻一多、刘文典等。这还要感谢作者岳南，把那段历史作了恰当还原，把一个个人物描写得那么接近于他们本身。

其次，一些令人感动的故事。

说故事还要从人物说起，著名诗人穆旦，原名查良铮，与金庸是表兄弟，金庸把查良镛的镛字拆开做笔名，而穆旦则把姓拆开，把"木"字改为"穆"字，取名穆旦。穆旦年轻时参加过杜聿明的远征军，经历过野人山撤退，后来从教，"文化大革命"期间，他与妻子同时下放河北改造，两个村庄相距十几里路，但彼此不通消息，非常挂念。有一次一个风雪的日子，五十几岁的穆旦向妻子的村庄跑去，跑了两个多小时，终于与分别多日的妻子见了一面。看着受尽折磨的妻子，穆旦眼含热泪对妻子说"是我害了你"，妻子说，"我也是特务，应该受到惩罚"，穆旦给妻子放下一小包花生米和几粒糖果后，就一路小跑往回赶。当然，等待他的是一次严厉的批斗和审查，但当时穆旦就是怀着决绝的心去的，就算一死也值了。几年后穆旦病逝，他死前在一首诗《冥想》中这样写道："而如今突然面对坟墓，我冷眼向过去稍稍四顾，只见它曲折灌溉的悲喜，都消失在一片亘古的荒漠。这才知道我全部的努力不过完成了普通的生活。"这一幕、这句话一直萦绕在我的心头，我能感受大师当时的无奈与奋争。

还有些故事，如胡适临危受命赴美担任大使，几经纵横捭阖，有力地促成了美国的参战，为中国抗战争取到了贷款，后却被宋子文排挤，到处游荡讲学，凄凉中有坚持；刘文典见夫妻打架，被丈夫质问"你管不着"时，一句"蒙自这地方还有我管不着的事"，狠抽对方几个响亮的耳光，把对方吓傻，展示文人的骨气与幽默。这些事情之所以让自己感动，我觉得有两个原因：一是真性情，对方表现出的喜怒哀乐，有感而发、尽情表达，没有掩饰、没有造作，可拍案而起，可以身赴命，这是做人的大气。二是为国为民，他们为国家命运而争，为他人不幸而呼，若再受到委屈与不公时，我们自然就会为其抱不平。相反，有些人，假借盛名，拉大旗、唱大戏、戴高帽，虚张声势，是纯政客，是投机者，他们的所作所为是无论如何也感动不了自己的。

最后，一些不得不说的感想。

一是时势造英雄。蒲家庄聊斋园有这样一副对联："一世无缘附骥尾；三生有幸落孙山"，说的是蒲松龄屡试不中，成就千古名著《聊斋志异》的故事。抗日战争前后，中国出现了那么一大批大师级的人物，为什么那么集中?我想关键是当时的环境激发了他们、挖掘了他们，他们在风雨飘摇的年代，自觉担当起历史赋予的使命，不进则退、不生则死，没有选择，只有破釜沉舟、孤注一掷，中国传统文化的精髓在那一刻被唤醒，中国人的力量在那一刻被凝聚。

二是文化是有传承的。纵观一批大师，大多是名门之后，从小受到良好教育，然后出国，后回归报效国家。他们许多人之间都有错综复杂的关系，这种现象在当时贫困落后的中国是有普遍性的。有人说"三代出贵族"，也有人说"富不过三代"，凡事都有两面性，但是无可辩驳的是，没有一定程度的积累，大师是很难形成的。

三是国际关系的微妙。俗话说"远亲不如近邻，近邻不如对门"，用在侵略上可就相反了。1901年9月，中国和11个国家达成屈辱的《辛丑条约》，中国支付巨额白银赔偿，分期付款，这笔钱史称"庚子赔款"。1909年起，美国将所摊浮溢部分本利退回，充作留美学习基金，后其他各国相继效仿。中国一代大师好多就是用这笔钱完成出国深造的，那时一艘邮轮上不知站着多少将来的大师。当时，日本也迫于无奈签署归还条约，但包藏祸心，实际上1925年至1937年中国仍支付日本赔款4573亿日元，日本当然用这笔钱来发展军事，后来侵略中国。在这里，我要声明，我不是说要感谢美国，本来就是侵略所得，而且美国有自己的战略考虑。但是，如果没有美国带头，放弃庚子赔款，支持中国教育，中国不一定有那一代的大师群体，这是不争的事实。

近几年，国民党一些抗日英雄被我们重新认识，他们是民族的英雄，理应得到后人的敬仰。可还有一批人，他们是民族的灵魂，是中华文明的继承者和发扬者，还不被我们所熟知。但我相信，随着时间的推移，他们不但不会被我们遗忘，反而是越发显露出他们的光芒，他们的精神会透过乌云、穿越历史，照耀今天、启迪未来。

关于"不迁怒不贰过"的思考

合肥市金星闪名师工作室　李平莉

《论语》是我国儒家思想的经典，是一部记载孔子及其弟子言行的书。俗话说半部《论语》治天下，其实无论帝王将相还是凡夫俗子，这部经典都饱含着让每个人取之不尽用之不竭的精神财富。我认为孔子在服从礼仪讲究道德规则的方圆之内能从心所欲，其潇洒的风度绝不亚于庄子无为的纯粹自我。

读书的过程既领略古人之风也对着古人的叮咛反观自己的一言一行。孔子谈个人在与人交往为人处世方面的君子之风，有一点我格外佩服其真知灼见，那就是哀公问："弟子孰为好学？"孔子对曰："有颜回者好学，不迁怒，不贰过，不幸短命死矣。今也则亡，未闻好学者也。"孔子赞叹他的得意弟子颜回"一箪食，一瓢饮，在陋巷，人不堪其忧，回也不改其乐"，更格外强调他对人做事"不迁怒，不贰过"的品性。

"不迁怒，不贰过"是一面自省的镜子。这六个字恐怕很多人一辈子都做不到。孔子也认为，凡是人，都容易犯这六个字的毛病。"迁怒"，就是脾气会乱发，古往今来，无论圣贤往往都有迁怒的问题。第一次世界大战以前，德国的著名宰相俾斯麦与国王威廉一世是对有名的搭挡。德国当时会强盛，不但是有俾斯麦这个首相，同时因为有这个宽容大度的好皇帝。威廉一世回到后宫中，经常气得乱砸东西，摔茶杯，有时连一些珍贵的器皿都砸坏。皇后问他："你又受了俾斯麦那个老头子的气？"威廉一世说："对呀！"皇后说："你为什么老是要受他的气呢？"威廉一世说："你不懂。他是首相，一人之下，万人之上。下面那许多人的气，他都要受。他受了气哪里出？只好往我身上出啊！我当皇帝的又往哪里出呢？只好摔茶杯啦！"所以他能够成功，所以德国在那时候能够那么强盛。

我们当老师的，在平时的教学中总会遇到学生成绩不理想，一份乱七八糟的试卷让人怒火中烧，我们可能第一反应是他调皮贪玩上课不专心，作业不认真，而不是反思是不是教学方法或教学态度有问题。在家里，家人的一个要求或一句关心和叮嘱正碰到我们心情低落之时，我们遏制不住内心的怒火，把孩子臭骂一顿或者对爱人、父母大发雷霆嫌其啰唆摔门而去。这就是迁怒。其实我们有可能是在外面受了气，无处可发，结果带回家在家里释放了，想想真是不应该。

所以我们有时候要做个受人尊敬、受学生爱戴的好老师，做一个受家人喜爱的好成员，恐怕还真要时时拿起这面镜子反窥自己，是不是在不理智、不冷静的情况下做出了决定，转移了怒火，出口伤了别人。

"不贰过"。所谓贰过，第一次犯了过错，第二次又犯。等于我们抽烟一样，这次抽了，下决心，下次不要抽，可是到时候又抽起来了。这一点我认为不仅是修养的问题，更是一种意志和定力的体现。我们在教学过程中，常叮嘱孩子不要犯同样的错误其实就是"不贰过"，但总有人在同一个地方摔两跤，我觉得主要还是一跤之后没有勤加练习，心理上有麻痹思想，主观上继续大意导致连续失败。

当一个老师不难，当一个好老师很难，如果你想做一个好老师，不妨从"不迁怒，不贰过"开始。

第六节　读后感赏析

阅读佳作，思绪万千，及时记录，这是阅读的好习惯。读后感可以独立成篇，类似于论文，亦可以片言只语，夹于文中，最适于捕捉灵感，或独立成段，附于文末，可长可短，有话则长，无话则短。若时间和精力有限，后两种形式是很适用的。我们特别精选由教师撰写的文末读后感，每篇读后感仅仅一段文字，但短小精悍，在感悟：如何读，有何感，如何从阅读中学会做人。

第一次背娘
刘俊奇

第一次背娘，是十多年前一个秋初的日子。那一年我53岁，娘72岁。

那些日子一直阴雨连绵。每到这个季节，娘的膝关节病便会复发，于是便给娘去电话。

电话的那端，娘全无了往日的欢欣，声音沉闷而又有些迟疑。娘说，你要是不忙，就回来带我去医院看看也好……

我的心里一阵恐慌。那时候娘大多数时间住在老家，她喜欢这样自由自在的生活，说家里有老姊妹们可以拉呱，在城里你们都上班去了，自己一个人闷得慌。只有到了每年最热和最冷的日子，娘才会在我们的劝说下，到我和弟弟妹妹工作的省城和海滨城市住上三四个月。娘一个人在老家住的时候，因为担心儿女的惦念，总是报喜不报忧，像今天这样主动提出让我回去，还是第一次。我立刻放下手头的工作，驱车三百多公里，从济南赶到沂蒙山老家。

一路上忧心如焚，娘的点点滴滴涌上心头。

父亲去世时，娘才33岁，我最小的妹妹刚刚出生三个月。为了把我们兄妹五个拉扯长大，尽早还清为父亲治病欠下的债务，娘就像一台机器，不分昼夜地运转着：白天在生产队干一天的活，半夜又要爬起来，为生产队推磨、做豆腐，这样每天便可以记两个劳动力的工分，而她每天的睡眠，经常只有三四个小时。那时候，我们那里每天的工分价值1毛多钱，娘却经常一天可以挣3毛钱的工分。村子里的人经常议论我娘的身子骨是"铁打的"。我大伯则慨叹，就算是铁打的身子，也磨去半截了啊！时光磨走了岁月，却磨不走娘的意志力。那时候，娘说得最多的一句话是，咱不能让人家看不起，不能让人家笑话你们是没有爹的孩子……

为了这个承诺，娘吃的苦、流的汗，娘经受的委屈和磨难，难以用文字描述。

上世纪六七十年代，家乡的农活有许多靠肩挑人抬：挑土挑水挑肥挑庄稼，有多少人被压弯了腰，那时候农村驼背的人比比皆是。身高不到1.6米，体重不到80斤，看似柔弱的娘，却有着一副压不垮的腰板。风里雨里，泥里水里，娘不知道用坏了多少钩子、扁担、筐与水桶，而娘的腰板一直挺着。娘知道自己一旦倒下，会是怎样的后果，娘说不能让没有了爹的孩子再没了娘，没有了娘的孩子才叫可怜……娘咬紧牙关撑起这个家。

在我的记忆中，最令人恐惧的农活之一，是从村西的渠道里挑水抗旱。那时候种花生、种玉米、栽地瓜，全部要靠人工挑水。初春时节乍暖还寒，娘挽起裤子赤着脚，一次次走进冰凉的渠水，在陡峭、湿滑的坡道上，弓着腰，挑着两个与自己体重差不多的水桶，一趟又一趟，在水渠和坑坑洼洼的庄稼地里来回奔波。

后来，渐渐长大的我也加入挑水抗旱的行列，才体会到那是怎样的一种苦不堪言：挑着两个装满水的桶，沿着45度、近二十米高的一条又湿又滑的陡坡，上上下下，步步惊心。挑水上坡时，必须保持身体与陡坡的平衡，脚要稳，脚趾头必须像钉子一样，在湿滑的坡道上，稍微不小心，就会连人带桶滚进水渠……至今每次回老家，路过那条已经被移除了高高的土堰，看起来已经不是那么高、那么陡的水渠，腿依然会不由自主地发抖……娘说，那时候她一天最多挑过七十多担水，膝关节就是那时候落下的病根。

我曾经到省、市多家医院为娘看病，医生说是长期劳损引起的退行性病变，没有什么有效的治疗方法。

汽车驶过一条小河，远远地就看见了熟悉的村庄，还有那条令人敬畏的渠道，一群鸭子在水里悠然地游动觅食。渠水依然在流淌，乡亲们却再也不用挑水种地，大大小小的电灌站分布在渠的两岸。

因为连续下雨，到处泥泞，我让司机把车停在村头，心急火燎地向家里走去。

娘见到我，艰难地从床上坐了起来，手抚在肿得像大馒头的膝盖上，脸上呈现出痛苦又有些歉意的表情。我在娘的跟前蹲了下来，想背着她上车。娘犹豫了片刻说："我一百三十多斤呢，你背不动吧？"看看院子里的泥和水，娘还是顺从地趴在了我的背上。

平生第一次背娘，才知道一百三十多斤的娘是如此重。娘看我有些摇摇晃晃，几次想下来，我阻止了。走到街上，一位婶子正在大门口做针线，看见娘趴在我的背上，有些乖乖的样子，便哈哈地笑了起来："哎哟，年幼时背着儿子，现如今老了，得让儿子背着喽……"

娘"嘿嘿"地笑着，笑声中，有羞涩又有些幸福的味道。

婶子的话，让我心头一热，眼泪差一点流出来。想起儿时在娘背上的岁月，今天终于可以背着娘，既激动，又有些成就感：娘，您终于给了儿子背您的机会……

曾经瘦小的娘，有着一个宽阔而又温暖的背。儿时，娘的背是我们兄妹最温暖的家。多少次，压弯了娘的腰，娘却舍不得把背上的儿女放在劳作的地头上，娘担心蚂蚁、虫子爬上孩子的脸……多少次，熟睡中尿湿了娘的背，娘顾不上擦一擦，却急忙看看孩子的衣裤是否湿了不舒服；多少个雨雪天，爬下娘的背钻进娘的怀，娘用单薄的身体为我们遮风避雨……我是娘的第一个孩子，娘对我的疼爱和付出，可想而知。记得我十五岁的那年，一次我突然肚子剧烈疼痛，吓得娘不知所措，慌忙背起比她还高的我，撒腿便往村卫生室跑……

我们兄妹长大了，娘也老了。老了的娘，却总是想着不让我们为她操心。娘常说，你们做好了公家的事情，娘的脸上有光有彩……

在临沂市人民医院，我背着娘楼上楼下看门诊，拍X片，做各种检查，到处是温馨的目光和礼让。医生说娘的腿并无大碍，开了些消炎和外敷的药，提醒要注意保暖等。

中午，我背着娘走进一家比较气派的酒店。正在这里用餐的人们向我们行注目礼，许多人站起来鼓掌。一位看上去六十多岁的老人来到我的身边，竖起拇指，说着地道的家乡话："背着的是老娘吧？俺很长时间没看着背着老娘来饭店吃饭的了，一看就是孝子啊！来，俺给老人家敬一杯酒！"那个中午，许多素不相识的就餐者来到我们的餐桌，给我和母亲敬酒。饭店的老板也过来敬酒，说很久没有看见今天这样感人的场面了。

平生第一次背娘的我，那一天竟如明星般的荣耀……

吃过饭，我劝娘随我一起回省城去住，娘说家里还有喂的鸡，离不开，还是像往年一样，天气冷了再去吧。我拗不过娘，只好把娘送回家。

晚上七点多钟回到省城，立即给娘去电话报平安。电话里却传来娘的哽咽声。我大惊失色，慌忙说："娘你不要紧吧？腿是不是还是疼得厉害？"

娘没有回答，抽噎了许久才问我："你的腿、腰没事吧？你也是五十多岁的人了……背了我一天，心疼死我了……"

顿时，我泪如雨下……

品析：

人世间常见的爱是向下的爱，父母疼爱子女；向上的爱却并不寻常。文中娘从小背着"我"和弟弟妹妹，一个人拉扯我们长大成人，娘的背就是我们兄妹最温暖的家，53岁的"我"却是平生第一次背娘，娘还因此心疼"我"。朋友们看到作者背着娘时的感慨、心情时，内心深处歉疚和感动肯定会被拨动了。是的，真实的故事，真正的感动！有谁没被娘背过，但当娘老了，走不动了，又有多少儿子或女儿背过自己的娘？"树欲静而风不止，子欲养而亲不待"，善待自己的爹娘，希望老之将至时，他（她）们有一个温暖脊背……"百善孝为先"，希望更多人看到，把中国的传统美德"孝"传承下去。

含泪奔跑的少年
布衣粗食

在他的记忆里，从未离开过生养他的大山，他今年初中毕业了，以优异的成绩考上了县城的重点中学。在城里，他这个年纪还是个孩子，还要在父母面前撒娇。然而，他俨然是个大人了，就在他初中毕业的这个暑假里，他尝到了冷也尝到了暖，冷暖过后，他仿佛一夜成人。

父亲在他初中毕业后第一个星期，突遭车祸，留下他和母亲相依为命。肇事司机也在车祸中死亡，父亲的死没有得到任何赔偿。母亲天生患有小儿麻痹症，走路一瘸一跛的，生活勉强能够自理。

起初，他和母亲商议着辍学，但母亲坚决不同意。为了下学期的学费，为了以后的生活有个着落，母亲决定带他到县城谋生。

进了城，他才知道，城市人山人海，高楼林立，但这些繁华不属于自己。沉闷的空气里弥漫着炙热的气流，一阵风袭来，也闻不到稻花的香甜。母亲在城市边缘，租了间铁皮房，用木板搭了张床，然后找两块红砖架个小铁锅，算是在城里落下了脚。母亲从工厂找到店铺，从店铺找到垃圾收购站，可没有人愿意收留一个瘸子。无奈之下，母亲做了个烧烤车，还给他钉了个刷皮鞋的木箱。

每天，他们从铁皮屋里出来，一个推着车，一个挎着刷鞋箱。趁着昏黄的路灯还没有熄灭，他们匆匆地赶到市里繁华的公园门口，占个地，摆个摊。等到公园里的最后一拨人散去后，他们才拖着疲惫不堪的身子回家。他心里其实有一万个不愿意，可是为了读书的梦想，他又能够说些什么呢。

　　大多数的日子，他就蹲在母亲的烧烤车边给人刷皮鞋。一天，他看到很多人在公园里，边看着孩子玩，边招呼人刷鞋，他心动了。他知会母亲一声，便走进了公园深处。偏偏是这一天，城管突然来巡查，公园门口所有的小摊小贩一窝蜂地溜走了。走路一瘸一跛的母亲因为跑得慢了些，被城管逮了个正着。在和城管的纠缠中，烧烤摊被推倒了，烧得红彤彤的木炭倒在了母亲腿上，一股焦肉的味道让好心的路人愤怒了，城管见势不妙，很快快快离去。这天夜里，一对苦难的母子推着车，走在回家的路上，闪烁的街灯照在清冷的马路上，留下一对孤独的含泪的影子，一长一短地走着，成了一道痛苦抽搐的风景。

　　劳碌了一天的母亲，迷迷糊糊地睡着了，而他怎么也睡不着。

　　他看着母亲翻了个身，腿上被烧焦的皮肤通红一片，有些地方还留下了水泡。他用手触碰了一下，感觉连心的痛。所有的委屈化成了泪水，从他的眼里流到了嘴里，涩涩的。

　　时钟已经指向了夜里11点多，他还是睡不着。为了赚够学费，他和母亲除了一日三餐外，其他的开支减了又减，实在要买点什么，也是选一些地摊货。而刚刚母亲连一盒烫伤膏也舍不得买，硬说擦点酱油就好了。这样一想，他的心更痛了，他失去了父亲，他不能再失去母亲了。他穿好衣服，走上街，向附近的药店跑去。

　　他跑进药店的时候，药店准备关门了。他很快选定了一盒26元的烫伤膏，他把烫伤膏攥紧在手里，就在掏钱的时候，他才发觉自己只是带来了今天全部的收入：15元。他站在柜台前犹豫了很久。

　　"你到底要不要买啊，我们要关门了。"店主催促他。

　　"要的，要的，只是……只是，我没有这么多钱。"他吞吞吐吐。

"那就明天来吧。"

"哦不……我欠你11元钱可以吗？我明天下午一定还。"他快急哭了。

"那……"

"求求你吧……我妈妈她……"他心底的那点坚强终于崩溃了，泪雨滂沱，他把自己和母亲的遭遇说给了店主。

"那你，把药拿走吧，不够的钱，算是我资助给你的吧。"店主说，"快些回家吧，不要让妈妈等急了。"

母亲的腿上的伤很快就愈合了。他也如愿在县城读完高中，考上了省城的一所大学。

他和母亲要离开县城，打算到省城继续谋生的时候，他整理好铁皮屋里所有的行李，突然一张药费单抖落了出来，他露出了笑容，他知道，上面写着："这个世界很冷也很暖，冷暖之间，我不能只是流泪，我要做一个含泪奔跑的人。"

品析：

未经历坎坷泥泞的艰难，哪能知道阳光大道的可贵；未历经挫折和磨难的考验，怎么能体会到胜利和成功的喜悦。文中的少年用他的行动告诉了我们为何要奔跑，他用他自己诠释了什么叫坚强！本该是个孩子，还要在父母面前撒娇，然而，他俨然是个大人了。父亲突遭车祸，留下他和母亲相依为命，从母亲被烫伤的这件事上他尝到了人间的冷暖，冷暖过后，他坚强了："我不能只是流泪，我要做一个含泪奔跑的人。"生活中的雨水和泪水常常打湿我们的脸庞，面对一切不如意，我们要作自己命运的主宰，因为只有历经磨难的生命，才能闪耀着奇幻的色彩；只有经得起磨难，才能达到别人无法达到的高度；只有尝遍生活的酸甜苦辣，才能知道成功的不易。真正的强者，不是流泪的人，而是含泪奔跑的人！

蔷薇几度花
丁立梅

喜欢那丛蔷薇。

与我的住处隔了三四十米远，在人家的院墙上，趴着。我把它当作大自然赠予我们的花，每每在阳台上站定，目光稍一落下，便可以饱览它了。这个时节，花开了。起先只是不起眼的一两朵，躲在绿叶间，素素妆，淡淡笑。眼尖的我发现了，欢喜地叫起来，呀，蔷薇开花了。我欣赏着它的点点滴滴，日子便成了蔷薇的日子，很有希望很有盼头地朝前过着。

也顺带着打量从蔷薇花旁走过的人。有些人走得匆忙，有些人走得从容；有些人只是路过，有些人却是天天来去。

看久了，有一些人，便成了老相识。譬如那个挑糖担的老人。老人着靛蓝的衣，瘦小，皮肤黑，像从旧画里走出来的人。他的糖担子，也绝对像幅旧画：担子两头各置一匾子，担头上挂副旧铜锣。老人手持一棒槌，边走边敲，当当，当当当。惹得不少路人循了声音去寻，寻见了，脸上立即浮上笑容来。呀！一声惊呼，原来是卖灶糖的啊。

可不是么！匾子里躺着的，正是灶糖。奶黄的，像一个大大的月亮。久远了啊，它是贫穷年代的甜。那时候，挑糖担的货郎，走村串户，诱惑着孩子们，给他们带来幸福和快乐。只要一听到铜锣响，孩子们立即飞奔进家门，拿了早早备下的破烂儿出来，是些破铜烂铁、废纸旧鞋的，换得掌心一小块的灶糖。伸出舌头，小心舔，那掌上的甜，是一丝一缕把心填满的。

现在，每日午后，老人的糖担儿，都会准时从那丛蔷薇花旁经过。不少人围过去买，男的女的，老的少的，有人买的是记忆，有人买的是稀奇——这正宗的手工灶糖，少见了。

便养成了习惯，午饭后，我必跑到阳台上去站着，一半为的是看蔷薇，一半为的是等老人的铜锣敲响。当当，当当当——好，来了！等待终于落了地。有时，我也会飞奔下楼，循着他的铜锣声追去，买上五块钱的灶糖，回来慢慢吃。

跟他聊天。"老头！"我这样叫他，他不生气，呵呵笑。"你不要跑那么快，我追都追不上了。"我跑过那丛蔷薇花，立定在他的糖担前，有些气喘吁吁地说。老人不紧不慢地回我："别处，也有人在等着买呢。"

祖上就是做灶糖的。这样的营生，他从十四岁做起，一做就做了五十多年。天生的残疾，断指，两只手加起来，只有四根半指头。却因灶糖成了亲，他的女人，就是因喜欢吃他做的灶糖嫁给他的。他们有个女儿，女儿不做灶糖，女儿做裁缝，女儿出嫁了。

"这灶糖啊，就快没了。"老人说，语气里倒不见得有多愁苦。

"以前怎么没见过你呢？"

"以前我在别处卖的。"

"哦，那是甜了别处的人了。"我这样一说，老人呵呵笑起来，他敲下两块灶糖给我。奶黄的月亮，缺了口。他又敲着铜锣往前去，当当，当当当。敲得人的心，蔷薇花朵般地，开了。

一日，我带了相机去拍蔷薇花。老人的糖担儿，刚好晃晃悠悠地过来了，我要求道："和这些花儿合个影吧。"老人一愣，笑看我，说："长这么大，除了拍身份照，还真没拍过照片呢。"他就那么挑着糖担子，站着，他的身后，满墙的花骨朵儿在欢笑。我拍好照，给他看相机屏幕上的他和蔷薇花。他看一眼，笑。复举起手上的棒槌，当当，当当当，这样敲着，慢慢走远了。我和一墙头的蔷薇花，目送着他。我想起南朝柳恽的《咏蔷薇》来："不摇香已乱，无风花自飞。"诗里的蔷薇花，我自轻盈我自香，随性自然，不奢望，不强求。人生最好的状态，也当如此罢。

品析：

尘世浮华，人心浮躁，这个世界，到处都有繁华的事物黑洞一样吸引着人的心灵。很多人在这个物质的世界里像无头苍蝇般到处乱撞，很难守住一颗宁静的心。他们在迷失了自我以后才能发现，原来自己内心真正追求的是朴实无华的生活，城市再热闹，我们还是照样过着我们的烟火人生，这是梦幻般的城市，但不是我的城市！文中以蔷薇为线索，时而写花，时而写人，花人融合，花即是人，人即是花。老人那人性最为本色的一举一动，无不触动着我们的心。

是的，只有宁静，随性自然，不奢望，不强求，我们才会有开阔的胸襟，才会有挑战的勇气，才有可能迈向成功的顶峰。让心宁静吧，你会变得更加美丽而有内涵，你会变得更加成熟而又稳重，你会和快乐结缘和成功握手。守住一颗宁静的心，也就守住了整个世界。

塘河晚秋
西羽

过去了两年的时光，我终于又一次回到了塘河。时值深秋，她昔日卓越的风姿呈现一片冷寂，可仍有一种独特的韵味令人咀嚼。

塘河的秋、冬两季一般是干涸的。而今年，许是雨水太大了，河里竟有清凉的河水流淌。细细的碎石、沙土在河底映着深秋殷红的阳光，闪烁着不同色彩的、晶莹圆润的麟波；偶有小小的鱼儿顽皮地穿越那层层波纹，一有响动，便像梭一样倏然而逝，钻进水草深处；也有的鱼儿，将小小的身子紧贴在河底的沙床上，一动也不动，如果你不细细分辨，肯定不会发现那与沙、与水几乎同色的精灵般的鱼儿。

放眼远处的风景，那是一条波动的线。巍巍太行像一个忠实的卫士，守护着这边的土地，它巍然耸立，展示着宏宏而雄壮的大山的情怀。与它连在一起的，是塘河两岸那沉默的防风林。如果是夏季，它便招展着郁郁葱葱的风姿，像两条绿色的绸带，随着塘河的延展，舞动着美丽的、充满生机的色彩。而现在，晚秋的风凋落了那一袭绿色的纱衣，那光秃秃的枝条在冷瑟中舞动，伴着脚下的黄沙，像一个失宠的贵妃，一下子枯了风华、瘦了容颜，只把那一份凄凉展示给世人……

我怔怔地想着，一不小心，便陷入了水边那松软的、充满水渍的泥沙里。看看已沾满泥水的鞋子和湿淋淋的半截裤管，我哭笑不得，真有种不知所措的感觉。忽然我想起了小时候和小伙伴们一起玩水的情景，索性脱掉鞋袜、挽起裤腿，跳到水里摸鱼吧。塘河的性情我是知道的，虽然深秋的凄冷已侵袭了这片土地，可塘河的水是温热的，脚浸在那清清的河水里，有一种惬意的温馨包容着我的身心，情怀立即被一种亲切、温存的感觉涨得满满的，像一个历经艰辛的孩子，终于又感到了母亲的呵护……呵，塘河，是你孕育我长大的呵！

秋天的黄昏来得特别快，而黄昏赋予塘河的风景也是无限美丽的。夕阳斜照在水面上，映出红、黄、绿几种不同的颜色，真可谓"半江瑟瑟半江红"。而河畔那两条林带，也像是经过画家着墨似的，涂抹上了一层金色的余晖。在傍晚的霞光中，塘河像一条镶着金边的彩带，带着秋的成熟、溶着人们的希望流向远方……

踏上回村的路，已是月上枝头，皎洁的月光为塘河两岸笼上了朦胧的轻纱。村里，已是万家灯火，想到妈妈定已经做好了饭菜在等我归来，便加快了脚步……

品析：

生命中没有永恒不变的风景，只要心怀阳光，每天都会有美丽的风景出现在你的眼前。塘河是孕育作者长大的母亲河，作者儿时曾在这里玩水嬉戏，所以倍感亲切温存。在作者的眼里，冷寂的塘河有着独特的韵味。文中没有太多华丽的辞藻，但是我们确实感受到它都是非常美丽的。我们常说，生活中不是缺少美，而是缺少发现。可是有时即使说过听过无数次这句话的我们，依然没有发现美的眼睛。我们总是觉得，生活太枯燥，我们总是觉得，一切都那么理所当然。其实不是的，只要我们改变心态，我们便会发现，到处都是新的风景。我想作者正是因为有了一颗热爱生活、感恩生命的善感的心，才能从自己的世界里发现无限的风景。

第七节　阅读课教学示例

2017年4月13日下午，由张曙校长和张光华副校长负责的阅读展示课，在江淮学校精彩上演。蜀山区中学语文教研员刘文芬、江淮学校校聘督学徐定高、兄弟学校40多位教师前来观摩。

首先，周丽红老师用一个几何图案导入名为《他山之石，可以攻玉——以〈春酒〉为例探寻如何发现抒情散文中的美》的阅读课，她以学生熟知的课文《春酒》为例，在学生梳理内容完成填写表格后，总结出阅读的方法：朗读、批注、知人论世。紧接着，学生再用学到的具体阅读方法默读课外资料《故乡的桂花雨》，品味这篇富有浓浓思乡意味的文章，学生从不同的角度发掘了这篇文章中的美。

第二节阅读课由李婷婷老师执教。她首先带领孩子们观看了一段海底景色的视频，自然导入对《海底两万里》名著导读的教学中，她精心选取了重点章节，以四个主问题为教学重难点，有的放矢，带领孩子们运用阅读的具体方法——精读和略读，去理清故事情节，把握人物性格特征，领会文章主旨。

评课议课活动在书香阵阵的五楼阅览室进行。徐定高认为周丽红的课教学秩序井然，互动教学突出，达到了预期的教学效果；郭正根形象地运用两个比喻"前者像甜甜的桂花糕，后者像小火慢炖的营养汤"高度评价了两节课；刘文芬肯定了两位年轻教师的付出和教学成果，并立足于阅读文本的高度，提醒年轻教师要注重学生的阅读体验，注重自身的阅读数量和质量；最后，张光华以"框架完整，但细处仍需打磨"勉励在座教师，在教学生涯中要不断超越自我，追求完美。

媒体报道：2016年4月15日姚蕾发表《阅读展示课在江淮学校精彩上演》。

附教学案例：

他山之石，可以攻玉
——以《春酒》为例探寻如何发现抒情散文中的美

执教人：周丽红

【教学设想】

散文阅读，尤其是抒情意味浓的散文，对于初中生而言，既是重要的又是迷茫的，他们经常不知道该如何"下手"去阅读散文，鉴于此，我尝试从学生最熟悉的课堂中提取一两个方法去让他们在阅读散文时不再痛苦，甚至可以有快乐的体验，美的感受。

故而，这节课，我想借助对《春酒》的阅读经验为例，让学生掌握在默读、吟读和批注的方法中挖掘文章内容、发现文章里的美，也可以从知人论世的角度加深对文章美的体悟。让他们不再畏惧阅读，体会发现美的快乐。

【教学目标】

知识与技能：

1.总结《春酒》中的"默读、吟读和批注"的阅读方法和知人论世的角度。

2.运用这种方法与角度自主阅读琦君的《故乡的桂花雨》（节选）。

过程与方法：点拨、自主学习、合作与探究。

情感、态度与价值观：让学生获得阅读的兴趣与动力，让学生获得会阅读的快乐。

【教学重点、难点】

阅读《春酒》的方法与角度的总结。

引导学生自主阅读《故乡的桂花雨》（节选）。

【教具准备】多媒体、琦君散文《故乡的桂花雨》（节选）。

【教学课时】一课时

【教学过程】

一、设悬导入，激发兴趣

二、借他山之石

1.小组接龙说《春酒》里的人、事、物之美。

2.自主思考：你们是怎么发现这些美的呢？

3.师生总结方法与角度：默读、吟读；批注文章内容；知人论世。

4.小结。

三、用以攻玉

运用《春酒》一文的方法与角度自主阅读《故乡的桂花雨》（节选），发现其中的美

要求：

1.用5分钟自主默读，批注发现的美。

2.组内交流，可以吟读喜欢的句子给同组人听。

请用"我批注的是……，它美在……"的句式展示。

四、课堂小结：推而广之

五、作业

完成《故乡的桂花雨》（节选）的读书笔记，或再用此方法阅读一篇课外文本。

六、板书设计

【教学反思】

经过前期的精心准备，在今天的课堂上呈现了我的阅读课设想。以课内文章为例，理性提取阅读方法，交给学生动口读、动手批注的方法，让他们在进行阅读活动时，不会无从下手。经过课堂上的引导，基本完成了预设，除了第一环节的总结发现方法时，学生因第一次上此类课而有点茫然外，其他环节皆流畅。这课给我以后的课堂提供了一个很好的教学思路。

《海底两万里》阅读课教案
执教人：李婷婷

【教学目标】

知识与能力：了解作家作品。

过程与方法：以文本为基点，以精彩片段为例子，以指导学生读书方法为核心，以爱读会读读整本书为目的，培养学生良好的

读书习惯。

情感态度与价值观：理解凡尔纳小说的科幻特点，激发阅读科幻小说的兴趣。

【教学重难点】理解凡尔纳小说的科幻特色以及主人公尼摩船长的性格特点。

【教学方法】谈话交流法

【教学过程】

一、导入

同学们，高尔基有句名言说"书籍是人类进步的阶梯"，你还知道哪些和读书相关的名言吗？

学生交流。

二、谈话导入，激发对整本书的兴趣

同学们，上课之前大家的语文老师就告诉我咱们班的同学特别喜爱读书，这不，我们班最近又掀起了一股阅读《海底两万里》的热潮，只要一有空，就能看到同学们埋头读书的身影，真好。作为八年级的学生，学习语文只读课本上的单篇文章是远远不够的，还需要和整本书打交道，读整本书，尤其是阅读经典名著，可以使我们增长知识，扩大积累，拓宽眼界，可以和书中的人物进行心与心的沟通和交流。

三、引导学生介绍各自的读书方法

1.这本《海底两万里》，听说有的同学早就读过了，现在已经读第二遍了，那么你是怎么读这本书的？采用的是什么方法？自由发表意见

预设：结合学生回答，板书读书方法。

先读前言再细读

精读与略读相结合

做读书笔记，写读后感

2.教师总结：其实我们读整本书，并没有固定的程式，我们可以根据读书的不同目的和需要以及书的内容、文体等，创造适合自己的独特的阅读方式。

四．畅谈读书收获

1.这本书读到现在，你们一定收获不小吧，能说说吗？建议大家说的时候语言要简练，当然你怎么想的就怎么说。根据学生的回答适时做出相应评价。

2.看来大家不仅喜爱读书，也很会读书，从刚才的交流里我发现同学们对鹦鹉螺号的海上历险经历很感兴趣，那么你认为这是一段怎样的海上生活？可否用一个词语来概括

3.尼摩船长经历了无数的困难和险境，但他每一次都能勇敢面对，绝处逢生，那么在这一段历险过程中，你对书中哪一段内容，哪一个情节，还历历在目，铭记于心呢？根据学生回答做出评价并总结：其实我们读书有的时候就像看电影一样，可以将书中的情节在脑海中想象出具体的画面，再想想从书中明白了什么，那才叫真读书。

五、精读

刚才有同学提到了某部分内容，老师也对这部分内容感触颇深，现在，请大家把书翻到这一部分。

出示要求：再次阅读这一部分，运用略读与精读相结合的方法，在读到你认为最精彩的地方和最打动你的语言处停下来，好好品味，可以圈圈字词，画画句子，还可以做批注，写出你的感受。（5分钟）

汇报交流：我们一起来交流一下你画出来的词语或句子，要是能再谈谈自己的感受就更了不起了。

师：这次同学们运用精读和略读相结合的方法，对这一部分又有了新的感受和认识，从中，我们能够看到在小说的主人公尼摩身上都具有哪些品质呢？

师：看来同学们是真的用心在读书。我想人们之所以喜欢名著，不仅是因为它的故事情节引人入胜，还因为它能够丰富我们的精神世界，给人以启迪。

六、总结

今天非常荣幸能够和同学们一起走进海底两万里，并了解了一个具有传奇色彩的英雄人物尼摩，还学习到了一些读书方法，请同学们在课外运用你所学到的读书方法，去阅读更多的科幻小说和经典名著。

【教学反思】

这节名著阅读指导课是通过同学们熟悉的精读和略读的方法，了解《海底两万里》的主要内容，并结合对精彩片段的赏析，分析主人公尼摩船长的主要性格，从而激发孩子阅读科幻小说的兴趣。课堂气氛活跃，基本达到预期效果，如果学生活动形式设计得更加丰富一些，课堂整体效果会更好。

第八节 初中生立体阅读课题

《语文课程标准》对7—9年级的阅读提出这样的要求："学会制订自己的阅读计划，广泛阅读各种类型的读物，课阅读总量不少于260万字，每学年阅读两三部名著。""养成默读习惯，有一定的速度，阅读一般的现代文每分钟不少于500字。""能较熟练地运用略读和浏览的方法，扩大阅读范围，扩展自己的视野。"

初中正是人生最美的读书阶段之一，然而三年的初中历程是学生心智发展变化巨大的阶段，对阅读内容、要求是有梯度的，阅读差异不容小觑。阅读在时间的数轴上印迹明显，在地点的维度上也大有讲究。必读与自选、课内与课外、学校与家庭都要统筹兼顾。

有鉴于此，我们课题组成员决定开展初中生立体阅读实践研究，旨在通过家校合作架起学校与家庭之间的桥梁。为学生阅读、推荐和创作终身受益的好书，也为影响人一生的好书寻找到自己的知音。构建一个学生成长的平台，提升学生的阅读品位，打通课内与课外的隔膜，让教师与学生、家长与孩子共同成长，听花儿开放的声音，奏生命绚丽的乐章。

立体阅读，指在不同年级、多维空间、多个时段内，融文本阅读、电子阅读、展览讲座、影视演出等多种形式于一体，全方位、多层次地传承优秀文化的系列阅读项目。旨在使学生对相异的文本从点线的懂、平面的懂到立体的懂，最终真正学会阅读，学会学习，成为求真、向善、至美的人。

课题研究共有7项内容：

第一，课题组成员对五十中、颐和中学、江淮学校等几所学校的部分家长、学生、教师进行问卷调查，了解到影响学生阅读品质形成的因素。通过分析，课题组决定采取以下具体的措施来培养学生阅读品质的形成：

（1）创设良好的阅读氛围。以课内带课外，以一篇带多篇，以精读带泛读。让学生利用学得的知识、方法去广泛地阅读课文以外的文章和图书，使他们"得法于课内，受益于课外"。

（2）为学生提供丰富的阅读资源。我们都知道，广泛的图书资源是保证学生的阅读量的基础。各校都有图书室，图书种类繁多，科目齐全。利用这一资源，分年级分班组织学生定期到学校图书室借阅图书，充分发挥图书的作用。

（3）给学生提供充足的阅读时间。在课题实验班级每班每星期至少给学生安排一节阅读课，利用学校图书馆资源、班级图书角或学生互助交流，让学生在课上阅读自己喜欢的图书和报纸，还适当安排学生读一读自己喜欢的文章、写下的读书笔记，提供交流的机会。每天放学后给学生布置适量的阅读作业，如查找资料、填写课外阅读卡等，以确保他们有充足的时间去阅读课外书。

第二，为了营造浓浓的读书氛围,让学生在大量阅读中丰富知识，开阔视野，领悟人生真谛，课题组在五十中西苑校区举办"亲子共读，营造书香家庭"的主题读书活动。活动要求：

①设立一个家庭书架，让书籍成为家庭的"宠物"。

②家庭书屋藏书不少于一百本，并尽可能做到适合您的孩子阅读。

③每学期至少订阅一份属于孩子的报纸杂志。

④每天留一段和孩子一起阅读的时间。

⑤每周和孩子交流一次读书心得。

⑥每月陪孩子逛一次书店，购买一本有益于孩子成长的书。

⑦每学期为孩子计划一次外出，读读大自然和社会这两本"大书"。

⑧和孩子一起写读书笔记，鼓励孩子向各种刊物投稿。

第三，举办读书沙龙，开展主题研讨。

第四，撰写读书笔记，倡导自我反思。

第五，统一推荐书目，开展读书活动。为了实验的研究具有可操作性，课题组根据不同年级学生的特点，进行了统一书目的推荐，并且教师给出了中肯的推荐语。

第六，进行读书分享，激发阅读兴趣。通过朗诵、小品、简介等形式，纷纷介绍自己喜欢的书名和喜欢的文字，分享自己读书的方式、读书的习惯和读书的时间，分享读书的乐趣和体验。

第七，诵读经典，提升素养。

媒体报道：

之一：2016年1月5日，江卫三发表《市级课题"初中生立体阅读实践研究"开题会在我校顺利举行》。

之二：2016年3月5日，周丽红发表《阅读·分享·碰撞——"初中生立体阅读实践研究"课题组召开读书交流会》。

附：中学生阅读现状调查表

年级：_____ 班级：_____ 性别：_____ 年龄：_____

同学们好！为了了解中学生目前的阅读状况，也为开展的课题研究工作收集参考数据，同时也希望通过这次调查为同学们营造更好的读书氛围，以拓展你们的视野，增长你们的知识才干，传承中外优秀文化，我们制定了这份"阅读现状"的调查表。希望同学们能够认真、如实地填写。

谢谢你对我们工作的支持！

不定项选择：选出你认为最适合自己的答案，在相应的方框里打"√"；若所提供的选项均不适合你或有些不完善，也可在方框后补充出自己满意的答案。

1.你平均每天花在课外阅读上时间是多少？（单选）

□偶尔　　　　□不超过30分钟　　　□30到60分钟

□1到2个小时　□2小时以上

2.你每年的课外阅读量是多少？（单选）

□1~2本书　　□3~5本书　　□6~8本书　　□8本书以上

3.下列图书，哪些你会因为自己想看而去看？（可多选）

□传记　　　　□漫画书　　　　□散文集　　　□诗词集

□科普作品　　□童话故事　　　□历史著作　　□小说

□军事读物　　□哲学读物　　　□心理学读物

4.下列描述，那些跟你自己的实际情况比较符合？（可多选）

a.我只会在老师要求时才读课外书□

b.我非常喜欢读课外阅读□

c.我阅读课外书，只是为了寻找需要的信息□

d.我一般只看那些好玩的书□

e.作业那么多，哪有时间看课外书？□

f.对我来说，阅读是浪费时间□

g.我喜欢与别人谈论读书的话题□

h.我发现自己很难完整阅读一本书□

i.我无法连续几分钟安静地坐着看书□

5.对你课外阅读产生影响主要来自：

　　□喜欢读书的父母　　　□喜欢读书的老师

　　□喜欢读书的朋友　　　□课外书吸引

6.你课外阅读的目的是什么？（可多选）

　　□为了消遣　　　□为了获得有用的知识　　□为了兴趣

　　□为了激励自己　　□得到为人处世的道理　　□没有目的

　　□为了应付老师或家长

7.你是否经常因为课外阅读而前往图书馆或书店？

　　□从未　　　　□每年几次　　　□每月约一次

　　□每月数次　　□每周数次

8.课外阅读时，你有没有下列的阅读习惯？（可多选）

　　a.我会努力记住书中的关键人物和情节□

　　b.遇到不理解的内容，我会停下来查找资料把它弄清楚□

　　c.我通过联系自身经验来更好地理解书中内容□

　　d.我会发挥联想和想象，在头脑中再现书中的情境□

　　e.我会在阅读后跟朋友分享阅读的经验□

　　f.我会随手做点儿笔记□

　　g.我会在书上做点儿圈点批注□

　　h.我会拿一个专门的笔记本做些摘录□

9.你经常在哪个时间段阅读（　　　）

　　□睡前　　□饭后　□午休　□双休日　　□节假日

10.你在课外阅读时有哪些困难希望得到老师的帮助？

　　□书目推荐　　□方法指导　□难点讲解　□背景介绍

11.请列出你自己最喜欢的三本图书。

附：中学生阅读现状调查汇总、分析与建议

中学生阅读现状调查汇总：

1.平均每天花在课外的阅读时间上35%的同学都能坚持在30分钟到60分钟，只有2%的同学坚持2小时以上，但也有9%的同学偶尔看课外书。

2.每年的课外阅读量超过8本以上的只占28%。

3.小说最受欢迎，占43%，20%的学生选择漫画书、24%的选择散文集、25%的选科普作品、27%的选历史著作，其他类型的读物也均有涉及。

4.学生对课外读书的兴趣较浓，63%的学生非常喜欢课外阅读，52%的喜欢与同学谈及读课外书，不能安静看完一本书的和认为阅读课外读物是浪费时间分别仅占9%和2%。

5.主要影响学生课外阅读的是来源于书本本身，这部分占比71%，其次是来源于喜欢读书的朋友，占24%，来自父母和老师的影响较少，分别占10%和8%。

6.学生阅读的目的在于兴趣或获取知识，这两部分占比分别是44%、42%，其次是从中得到为人处世的道理，占比31%，完全没目的或是应付家长的仅占比4%、3%。

7.学生因看书前往图书馆或书店的总体很少，每月一次的仅占21%，每周数次的占4%，从未去过的占4%。

8.阅读习惯更多地在识记层面，51%的学生能再现阅读情境，48%的学生能努力记住书中情节和人物，33%的同学能通过自己的

经验来理解内容，但深层阅读如进一步查资料或做相应的读书笔记的人很少，仅占24%、17%。

9.48%的同学选择在双休日阅读，39%的同学在节假日阅读，37%的同学在睡前阅读。

10.39%的同学希望得到老师帮助推荐书目，22%和19%的学生希望得到老师的背景介绍和难点讲解的帮助。而方法指导的需求占12%。

11.学生最喜欢的三本书类型繁杂，但其中四大名著选择的人占比最多，均达到5%，其他经典的散文集以及故事性强的都相对选择的人多一点，比如《草房子》占比8%，《朝花夕拾》占比8%。

12.74%的学生家长支持学生阅读课外书，不支持和无所谓的家长仅占3%、8%。他们更多地希望家长在资金和时间自由度上给予支持。

中学生阅读现状调查后分析：

学生在课外阅读这块具有一定的主客观有利条件。

1.学生大部分都对阅读感兴趣。

2.学生也具备了一定基础性的阅读习惯。

3.大部分家长非常支持学生进行课外阅读。

学生在课外阅读这块还有诸多问题需要去解决。

1.课外阅读数量、课外阅读时间普遍偏少。

2.仍有不少同学对阅读课外书一点兴趣都没有或是漫无目的地去阅读。

3.获取书本的途径少，去书店和图书馆的次数非常少，这样就无法大批量和多类型地进行阅读。

4.深入阅读的普遍少，阅读多停留在浅层次。

5.阅读习惯不够科学合理，亟待改善。

6.所看图书种类过于低幼或无多大阅读价值。

7.学生缺少来自家庭和学校的良好的阅读指导。

总体来看，学生的课外阅读的立体性不强，究其主要原因，在教师，在学校，也在家长。没有好的引导，没有正确的指导，没有大力支持，缺乏计划，缺乏时间，那学生的阅读就只能是随着喜好无目的、无计划、无广度、无深度地消遣，成为他们打发时间或是缓解压力的手段。

中学生阅读现状调查后建议：

1.学校要树立培养学生阅读习惯的意识，并重视起来，为学生和家长提供专业的平台，引导学生，影响家长，最终使学生养成良好的阅读习惯。

2.只有整个语文老师团队积极行动起来才能发挥最大的力量，将课外阅读的引导和指导变成有目标、有计划、有跟进、有效用的工程。

3.学校、家庭应联合助力语文老师，才能将这场阅读运动持续、广泛、深远地进行下去，才能让学生真正体味到阅读的真谛。

4.课题组此后需要针对不同生情、校情进行相应的跟进研究，从阅读时间（课上、课余）、阅读空间（学校、家庭、社会）、阅读活动形式（阅读指导课、阅读延伸活动等）、参与面的广度（语文教师团队的力量）、学生随着课题的推进发生的变化等方面来细化研究。

5.希望借此研究，能改善课题研究的三所学校在课外阅读中存在的问题。也希望借助课题的研究，能一定程度上改变"形式主义的"阅读现状，给予其他学校的学生、教师以可借鉴的课外阅读的指导范式。

后　记

　　《顺着台阶往上走》这本书是由学校统一部署，精心安排，组织教师根据不同学段的中小学生阅读推荐书目而编写的读物。

　　教育部在语文课程标准中，突出强调了阅读能力培养的重要地位和作用，明确提出中小学义务教育阶段课外阅读总量应在400万字以上，并对不同学段的阅读都提出了明确的要求。

　　国家新闻出版广电总局自2004年至今，也连续14年向全国青少年推荐1400种优秀图书。2017年少儿图书占到图书零售市场比重的24.64%，各学校、各图书机构、各出版社等竞相列出适合青少年不同阶段阅读的书单，以供青少年阅读参考。

　　社会上各种阅读活动蓬勃兴起，越来越多的人，尤其是广大少年儿童，对阅读的重视程度越来越高。大家纷纷加入"书不可一日不读"的阅读队伍中来。课外读物，学生读什么，教师推荐什么，主管部门并没有硬性规定，也不能有硬性规定。在课外读物推荐上，语文教师基本坚持两个原则，即经典性与前沿性。对经典性作品，选择适合学生阅读的基本篇目，这是学生语文素养形成的基本保证。对前沿性作品，教师要精心挑选，对学生加以正确引导与积极指导，使学生既能把握时代发展的脉搏，又不至于在浩瀚的书海中迷失方向。

　　《顺着台阶往上走》这本书即秉承这样的原则，分级分层推荐，切合各学段中小学生的年龄特点、心理特征和认知规律。每一学段的书目都是按照诵读书目、跟读书目和拓展书目来推荐的。诵读书目即为古今中外经典诵读篇目；跟读书目标注了精读、泛读或大体阅读时间，可供学生参考；拓展书目，学生可根据自己的实际情况选择性阅读。

本书中推荐了很多名篇名著，这些名篇名著有的是义务教育语文课标中《关于课外读物的建议》列举的书目，如《朝花夕拾》《西游记》《水浒》《骆驼祥子》等，有的则不是，但是符合《关于课外读物的建议》的精神。其中有如下建议：教师可根据需要，从中外各类优秀文学作品中选择合适的读物，向学生补充推荐。科普科幻作品，如儒勒·凡尔赛的系列科幻小说，各类历史、文化读物、传记以及介绍自然科学与社会科学常识的普及性读物等，可由语文教师和各有关学科教师商议推荐。

我们秉承这样的意识，即充分利用自身的学科特点和影响力，给学生提供利于他们成长发展，增长见识，甚至于升学考试而言，应该而且必须读的经典书目书单，在自由阅读的基础上，尽可能多地提供可以拓展他们眼界而且引智激趣的书目书单。

另外，为了学生能够更好地阅读，我们的学校还建立了的电子阅览室，配备了电子阅读器，制定了相应的课表。学生通过电子阅读器进行阅读，阅读器记录阅读进程和阅读量，阅读信息与家长手机互通。这样学生在家、在学校或者在其他任何地方都可以进行阅读。教师和家长可以随时随地使用微信，对学生阅读情况进行管控。根据启明星中小学生健康阅读平台的数据统计分析，寒假期间班级有97%的同学参与阅读，其中，70%的同学有每天阅读的习惯，人均日阅读时长3个小时，人均日阅读字数1.68万字。由此可见，课外阅读已开始走进学生的生活，成为他们学习和生活中密不可分的内容。

　　《顺着台阶往上走》这本书是我校编写组成员辛勤努力的成果，是智慧的结晶。在成书的过程中，编写组成员们倾注了大量的时间和精力，他们利用课余时间和节假日，精心编撰，反复校对，数易其稿，终于付梓。

　　借此我们衷心感谢偶正涛和金星闪两位专家的悉心指导。偶正涛老师还在百忙之中为本书作序，对我们的工作给予了无私的帮助和关心。真诚感谢蜀山区李卫副区长、王雪梅局长和刘光忠书记的扶持和鼓励。还有郭晓媛、朱曼云、邢凤、李平莉、姚蕾、张光华等名师的友情支持。

　　本书在编写的过程中参考了大量资料，所收资料庞杂，有的内容一时难以注明作者和出处，敬请谅解。虽然我们在编写过程中反复酝酿、推敲、校对、审核，但百密难免一疏，加上我们的水平有限，成书时间仓促，书中疏漏和存在的问题在所难免，敬请赐教。

二〇一八年四月